国家社科基金项目"边界效应转化与边境旅游失衡调控研究"（18BGL143）

国家社科基金丛书

GUOJIA SHEKE JIJIN CONGSHU

中国边境旅游
发展研究

Research on the Development of
China's Border Tourism

王 桀 著

人民出版社

责任编辑：李源正
封面设计：石笑梦
版式设计：胡欣欣
责任校对：白　玥

图书在版编目（CIP）数据

中国边境旅游发展研究/王桀 著. —北京：人民出版社，2023.4
ISBN 978 - 7 - 01 - 025445 - 6

I.①中… Ⅱ.①王… Ⅲ.①边疆地区-旅游业发展-研究-中国 Ⅳ.①F592.3

中国国家版本馆 CIP 数据核字（2023）第 031007 号

中国边境旅游发展研究

ZHONGGUO BIANJING LÜYOU FAZHAN YANJIU

王　桀　著

人 民 出 版 社 出版发行
（100706　北京市东城区隆福寺街 99 号）

北京中科印刷有限公司印刷　新华书店经销

2023 年 4 月第 1 版　2023 年 4 月北京第 1 次印刷
开本：710 毫米×1000 毫米 1/16　印张：12.5
字数：172 千字

ISBN 978 - 7 - 01 - 025445 - 6　定价：58.00 元

邮购地址 100706　北京市东城区隆福寺街 99 号
人民东方图书销售中心　电话 （010）65250042　65289539

前　言

　　党的十八大以来,以习近平同志为核心的党中央高度重视兴边富民工作,
边境地区贫困群众和全国人民一起步入小康社会,生产生活条件明显改善。
按照十九大报告中提出的实施区域协调发展战略要求,边境地区通过发展旅
游业,不仅可以缩小地区差距,也是推动"一带一路"建设的重要手段。边境
旅游是中国陆地边疆省份旅游业的一大特色,在兴边富民、边疆稳定、睦邻友
好、共同繁荣等国家政策目标中一直扮演着重要角色,发挥了积极作用。但从
总体看,中国边境地区旅游发展面临的问题较为突出,主要表现为发展水平不
均衡、空间结构不合理和治理手段不匹配等。特别是,2020 年发生的新冠肺
炎疫情导致全球国际旅游陷入全面停滞,国内旅游受到空前打击,边境旅游面
临严重停摆。总体来看,在疫情常态化背景下,边境旅游发展陷入沿边开放与
"严防死守"的两难困境。基于此,本书以中国边境旅游为研究对象,从边界
效应理论视角审视和探讨了中国边境旅游发展的现状、面临的问题,并提出了
治理对策,以期为疫后重启边境旅游,推动旅游发展提供思路。

　　本书在阐明研究背景、研究意义、研究基础、研究方法和研究方案的基础
上(第一章),系统梳理和归纳了国内外关于边界效应和边境旅游的相关研究
文献(第二章),在对相关概念进行界定的基础上,对边境旅游研究中的边界
效应问题进行了深入探讨(第三章)。进而,通过实证研究证实了中国东北、

西北和西南三大边境旅游片区发展不平衡的现象(第四章)。在对边境旅游地发展不平衡因素进行分析的基础上,对边界效应的类型划分和形成机理进行了理论解析(第五章)。通过构建社会网络模型,对中国、老挝、缅甸、泰国等4国的8个边境口岸进行边界效应测度,证实了边境旅游地边界效应的存在性及其对社会网络的影响(第六章),并在边界效应背景下对中国45个边境旅游地样本进行了评价分析(第七章)。最后,通过建立边界效应转化模型,从发展水平调控、空间结构调控、治理手段调控三个层面提出了一系列调控对策(第八章),并作出了结论与展望(第九章)。本书的主要结论包括:

一、边界效应是指国家政治边界或行政边界对跨边界行为产生的影响。边界是边境旅游系统空间的重要构成,边境旅游地由客源地、目的地和边界三个子系统构成,而边界子系统发挥着重要的系统功能作用。边界的三大功能(封闭型边界、开放型边界和半封闭半开放型边界)引致三大类型的边界效应(阻滞效应、集聚效应和扩散效应)。阻滞效应主要表现为边界两边无法实现互联互通,集聚效应主要是指在边界任意一边或两边实现聚集,扩散效应主要表现为在本国边界或他国边界实现扩散。

二、边界效应对边境旅游活动产生重要作用和影响。驱动力是机理,效应演化是过程,效应转化是结果。三大边界类型之间存在着三类六种转化关系:阻滞型边界向扩散型边界转化、扩散型边界向阻滞型边界转化、集聚型边界向扩散型边界转化、扩散型边界向集聚型边界转化、阻滞型边界向集聚型边界转化、集聚型边界向阻滞型边界转化。边界效应转化对边境旅游的影响机理为:边境旅游三元结构共同作用下产生三类边界效应;边界的防御、阻隔功能产生阻滞效应,边界的吸引、接触功能产生集聚效应,边界的融合、渗透功能产生扩散效应;不同的边界效应导致三种不同的发展方式。

三、中国的东北、西北和西南三大边境旅游片区发展不平衡。形成旅游经济空间分异、发展不平衡的主要原因包括空间不平衡、经济不协调、文化差异、政治差异。由于中国边境地区产业发展基础和对外合作状态存在较大差异,因此,边境地区治理手段存在类型不同、方式不同的情况,表现出以下特征:东北边境受邻国经济影响显著;西北边境受制于内部发展动力不足;西南边境呈现出多热点高水平集聚状态。中国边境旅游发展不平衡的影响因素各异,具体表现为:西北边境本地经济的作用占主导地位,对本地经济的巨大投入,拉动了西北沿边经济带的发展;东北边境受邻国经济发展水平的制约,边境旅游经济发展受到影响;西南边境在邻国经济与本地经济的双重作用下推动了边境旅游经济发展。

四、边境旅游地存在"连而不通""通而不畅""互联互通"三种差异。通过边界效应测度分析发现,中缅边境的打洛—勐拉口岸阻滞效应较为显著,中老边境的磨憨—磨丁口岸扩散效应显著,泰缅边境的美赛—大其力口岸集聚效应显著。由此可见,边界除了具有"显性"的区别国家主权的政治属性和军事属性之外,还具有"隐性"特征,即代表人文交往关系的社会属性。这一点,从边界效应对边境旅游地区的影响尤为显见。实证研究证实了边境旅游地存在着三种差异,并对边境旅游活动产生阻滞效应、集聚效应和扩散效应。

五、中国边境旅游地的阻滞效应和集聚效应较为突出,扩散效应较少。通过雷达图评价中国边境旅游地的边界效应,共有 16 个边境地区主要表现为阻滞效应,较为典型的地区包括西藏的林芝市、山南市、阿里地区,新疆的和田地区、克孜勒苏柯尔克孜自治州,内蒙古的兴安盟、乌兰察布市,黑龙江的伊春市,吉林的通化市等。表现为集聚效应的地区多达 25 个,一部分是渗透型集聚效应边境旅游地,较为典型的有广西的百色市,云南的文山壮族苗族自治州、西双版纳傣族自治州等;另一部分是吸引型集聚效应边境旅游地,如广西的防城港市、崇左市等。表现为扩散型边境旅游地的共有 4 个,包括新疆的阿勒泰地区、伊犁哈萨克自治州、内蒙古的呼伦贝尔市和吉林的延边朝鲜族自治州。通过向量自回归模型对国内外旅游流的边界效应进行动态评价,发现中国边境旅游地的入境旅游流呈现出低敏感型边界效应,国内旅游流呈现出高敏感型边界效应。

六、边境旅游发展不平衡调控对策可通过对边界效应的转化治理来实现。治理机制为"提升——增加——控制",即提升阻滞效应的连接度,增加聚集效应的差异度,控制扩散效应的开放度。提升边界连接度,可促使阻滞效应向扩散效应转化;控制边界连接度,可导致扩散效应向阻滞效应转化;增加边界差异度,可导致集聚效应向阻滞效应转化;控制边界差异度,可促使阻滞效应向集聚效应转化;强化边界安全度,可促使集聚效应向扩散效应转化;弱化边界安全度,可导致扩散效应向集聚效应转化。

七、最后,本研究提出了解决中国边境旅游发展不平衡问题的调控对策。中国边境旅游发展政策的制定,要避免采取"一刀切"的方式,不同地区需要制定不同的政策。边境旅游经济发展政策要充分考虑邻国经济特点、本地经济基础差异特征,从而制定出差异化的发展策略。东北边境应该以本地经济发展为核心,西北边境应该以通道建设为核心,西南边境应该以"跨境旅游合作区"为核心。

本书的主要创新之处在于:在理论研究方面,研究突破了"就边界论边界""就旅游论旅游"的视角,站在边界效应的异质性、边境旅游的独特性视角开展研究,重新审视和探讨了边界效应类型及转化关系。本书从边界效应的概念界定、类型特征、形成机理、转化关系等层面构建起相对完整的边境旅游地边界效应理论体系。尤其从边界效应转化模型出发,提出边境旅游发展不平衡治理的对策应该建立在对边界效应的调控层面,并通过对边界效应转化的干预实现协同治理。在实证研究方面,一方面,在对边界效应的形态、类型及其影响等问题的研究过程中,本书通过归纳演绎、综合分析等方法建立了边境旅游系统空间、边境旅游发展不平衡与边界效应转化模型、边界效应驱动机理、边界效应转化模型,为边境旅游发展不平衡治理寻找理论依据。另一方面,在中国边境旅游发展不平衡的实证研究中,使用空间权重矩阵分析边境旅游经济的空间分布及跃迁,在边境旅游地边界效应测度和评价研究中,构建向量自回归(VAR)模型对边界综合效应指标和旅游流之间的互动关系进行分析,探讨了边境旅游地边界效应的存在性和类型特征。

目　　录

第一章 绪 论

中国边境旅游面临三大问题：一是全球化趋势与地区发展不平衡。中国提出的"一带一路"倡议、"旅游外交"战略受到全球广泛关注的同时，边境地区不仅存在发展不充分问题，还面临严峻的"边缘化"问题。二是边境旅游空间结构失衡。由于中国与相邻国家的经济差别、民族差别和制度差别，造成双边发展不平衡，表现为旅游流出境多入境少。三是旅游活动与安全管理失调。如 2011 年 10 月举世震惊的"湄公河惨案"发生后，澜沧江—湄公河次区域跨境旅游通道被迫关闭。寻求发展仍然是中国旅游业的未来所系，按照党的十九大报告中提出的区域协调发展战略要求，边境地区通过发展旅游业，不仅可以缩小地区差距，也是推动"一带一路"建设的重要手段，但从总体看，中国边境旅游地区三大发展不平衡问题突出。

第一节 研究背景

一、"全球化"与"逆全球化"并行

在全球化背景下，国家间的文化交流与旅游流动普遍增强。特别是，跨国治理网络、超国家联盟等的发展使传统的国家边界（national borders）变得更具

有渗透性,边境地区的资本、商品和人员的交流活动逐渐增多,跨越国家边界的行为越发频繁和突出。① 这似乎反映了这样一个现实,国家边界对跨境流动的阻碍作用呈现弱化趋势,全球化过程中的交流合作促使国家边界"去边界化"(borderless)。全球化论者认为国家边界的功能将会发生改变,阻碍流动的"边界"终将消亡。② 然而,全球性经济危机、单边主义、贸易保护和全球性疫情暴发等问题的接连出现,边境地区的要素流动和对边界的渗透将导致风险提升,威胁国家安全。欧盟一些国家和地区对边境地区重新加强管理,对要素跨越边境的流动进行监管和控制,"逆全球化"(deglobalization)进一步加深了边界问题的复杂性。③ 坚持"逆全球化""再边界化"观点的学者认为,在面对全球性危机时,边界的保护作用不容忽视,边界的封闭功能可以阻止风险蔓延,他们认为边界不会消亡,维护国家安全的手段需要通过继续强化边界的功能来实现。④

二、"去边界"与"再边界"的悖论

由此可以看出,"去边界"与"再边界"的悖论,成为政治学、地理学、社会学等学科研究者长期争论的焦点。与此同时,谋求人类福祉、保护生态环境、实现资源互补等众多挑战性问题对国际合作提出新要求,也促使边境口岸成为国际交流与合作的重要通道。基于此,国家边界在国家关系、地区安全、地区经济、社会文化、居民生活等各方面发挥的作用受到关注,由此形成的边界效应(border effect)理论,逐渐被各个学科领域用来解释边界问题,成为研究

① James Anderson, Liam O'Dowd, "Borders, Border Regions and Territoriality, Contradictory Meanings", *Changing Significance Regional Studies*, Vol.33, No.4, 1999, pp.443-456.

② K.Ohmae, "The Borderless World", *McKinsey Quarterly*, Vol.3, 1990, pp.3-19.

③ D. Newman, "Borders and Bordering: Towards an Interdisciplinary Dialogue", *European Journal of Social Theory*, Vol.9, No.2, 2006, pp.171-186.

④ A.Paasi, "Bounded Spaces in a 'Borderless World': Border Studies, Power and the Anatomy of Territory", *Journal of Power*, Vol.2, No.2, 2009, pp.213-234.

新时代复杂国际形势与地区差异的学术词汇。

三、边界在旅游活动中的独有特征

然而,二元论的分析范式在赋予普遍性意义的同时,却忽略了边界在旅游活动中的独有特征。旅游研究中,旅游活动本身具有跨边界的流动性特征,旅游流是旅游者在旅游空间中的流动方向,是旅游系统中联系旅游地和客源地的重要要素。此外,边界的功能及其附加意义也在不断演化,在地区边界的独特差异性成为区分"主""客"关系要素的同时,也构成了吸引游客前往旅游目的地的重要内容。① 在要素的跨区域流动中,旅游者获得旅游体验,区域空间也被赋予新的价值,进而持续重构与推动发展。旅游者在被边界本身所代表的"界限"意义限制的同时,也被边界差异产生的吸引力所吸引。边界既是阻隔,又为差异化的群体提供了接触的机会,这种矛盾对立形成旅游者的感知差异,造成旅游发展的空间不平衡,甚至还产生了边境地区旅游安全风险提升、旅游活动敏感性增强、文化冲突加剧、身份认同模糊、地区发展受限等系列问题。这些问题是旅游研究中被广泛关注的热点,然而探索这些问题深层原因的研究成果极为有限,在当前的旅游研究中,多是直接借鉴经济学中的边界效应理论与研究方法,缺乏针对旅游特征的边界效应理论探讨。

第二节 研究意义

一、理论意义

(一) 边境旅游作为一个独特的研究领域仍存在大量学术空白

目前,国内外关于此领域研究成果的丰富性、系统性明显不足,换言之,边

---

① D.J. Timothy, "Political Boundaries and Tourism: Borders as Tourist Attraction", *Tourism Management*, Vol.16, No.7, 1995, pp.525-532.

境旅游研究仍存在巨大创新空间。一直以来,已有研究多从民族学、政治学、地理学视角切入,研究方法重民族关系、国家关系、地理空间和边境贸易,轻旅游对外交、经济、文化和社区的影响。本研究将通过文献检索、实地调研等方法,在梳理边界与旅游关系的基础上,探讨边境旅游理论框架,构建边界效应测度模型,论证边界对边境旅游发展的影响。本研究的开展,有助于对边境旅游研究进行理论提升与学理探讨。

(二) 边界效应理论和边境旅游吸引物成为重要理论支撑

从文献梳理中可以发现,边界效应是边境旅游研究中存在的最前沿的学术问题。这是因为:任何一种跨边界旅游合作的本质都是为了化解边界对旅游活动的隔离、阻滞,促进旅游发展,使边境地区在安全稳定的前提下,获得发展。但因为中国边境旅游发展起步时间短,对边界效应与边境旅游的研究还不多见。同时,由于边境旅游活动往往是在相邻国家间一定的地理空间范围内进行,地域、经济、文化等差异成为特殊旅游吸引物。边境旅游赖以为继的差异性,加上边界固有的政治性和冲突性,使不同地区的边境旅游存在显著差别,也导致了边境旅游不能按照普通旅游的发展模式进行建设。例如,美墨边境的边境旅游依靠经济和制度差异,而美加边境的边境旅游是由跨境景观推动的。

二、现实意义

(一) 边境安全及边界治理需要与时俱进的政策依据

中国边境旅游发展不平衡、多模式演化的特点突出,主要表现在:受邻国经济影响,东北边境旅游发展放缓;"丝绸之路经济带"助推西北边境旅游崛起,但内部发展动力不足;"21 世纪海上丝绸之路"促进西南边境旅游迅速发展,并呈现出多热点高水平集聚状态。因此,中国边境旅游发展政策的制定,需要避免"一刀切"的方式,不同地区应制定不同的政策。

（二）本研究是对边疆稳定发展策略的尝试

在实践层面,发展边境旅游已经成为中国与"一带一路"沿线国家开展国际合作、实施"旅游外交"的重要措施,也是边疆地区稳定与发展的着力点。本研究将在以下两个方面积极尝试:一是探索中国边疆地区发展新路径,将发展策略建立在促进旅游活动自由流动、跨境资源高效配置、边疆社会安全稳定的基础上,寻求有利于与相邻国家和地区建立更深层次合作机制的方式;二是以研究边境旅游发展为核心,探索边界效应转化路径和措施,为纾解边境旅游发展不平衡问题提出创新性调控策略。

第三节　研究基础与方法

一、研究基础

（一）研究支撑

在开展本研究期间,研究组获得多项与此研究领域相关的省部级课题立项,为研究的顺利开展提供了有力支撑。首先,本研究起始于云南省社科基金"云南边境旅游集散效应与'两区'建设研究","边界效应类型划分"也是该课题研究过程中萌发出的新观念;其次,作为国家文化和旅游部智库机构,研究组所负责的中国旅游研究院边境旅游研究基地承担了多项与边境旅游研究领域相关的研究任务,如文化和旅游部重点智库项目"跨境旅游合作与国家文化安全研究",文化和旅游宏观决策课题"澜湄跨境自驾旅游区合作建设研究",这些课题为本研究提供了大量的一手基础资料。研究过程中,研究组成员在云南西双版纳、瑞丽、临沧、河口等地,以及新疆霍尔果斯、吉林延边、广西东兴等边境地区进行了实地调研,研究组还组织了云南大学 2017 级旅游管理本科生和来自泰国、老挝、越南、缅甸的留学生参与了中、老、缅、泰边境口岸的调查,通过发放问卷、访谈等方式收集到宝贵的一手数据资料。

(二) 成果积累

本书前期重要研究成果包括出版阶段性研究成果专著《边境旅游:理论探索与实证研究》,及发表高水平学术论文多篇,如《中国面向东盟"两区"建设问题与突破路径探讨》《边境旅游系统空间结构与集散模式研究》《国外跨境旅游合作研究进展与启示》《欧洲跨境旅游合作:实践、经验与启示》《游客感知视角下边境旅游吸引物的吸引力测评》《"跨境游道"建设的实践、经验和启示》《云南、广西面向东盟的旅游经济联系及社会网络演化——基于"一带一路"建设前后的比较》《"一带一路"对中国边境旅游经济空间的影响研究》《边境旅游系统空间耦合特征及其演化——以中缅边境瑞丽市为例》等。这些成果的发表,为研究工作的深入开展打下了坚实的研究基础。

二、研究方法

(一) 文献研究与调查访谈相结合

本研究在锁定"边界效应"与"边境旅游"研究方向后,通过期刊网、图书馆各数据库搜集国内外关于相关问题的研究成果,包括期刊文章、研究报告、会议论文和学术著作等,充分把握国内外学者对边境旅游、边界效应研究的进展情况,通过文献研究归纳已有研究的不足,进而确定了本研究的方向和重点。与此同时,为了获得更多的一手资料,于2017年7月至2020年9月期间多次组织研究团队前往边境地区调研。研究组实地调查的地方包括:中越边境的东兴、河口口岸,中老边境的磨憨口岸,中缅边境的打洛、南伞、清水河、瑞丽、畹町口岸,老泰边境的万象、会晒口岸,缅泰边境的大其力、美赛口岸,中哈边境的霍尔果斯、吉木乃口岸,中俄边境的珲春口岸,中朝边境的图们江、珲春口岸等。研究组通过与当地政府、旅游企业、社区居民进行深入访谈获得了大量原始数据。

（二）定性分析与定量研究相结合

在研究过程中,采用归纳演绎、综合分析等定性研究方法,对边界效应的形态、类型及其影响,边境旅游的概念、特征及成因等内容进行研究。在边境旅游发展不平衡现状分析方面主要采用了空间经济分析法和熵值法等定量研究方法,使用量化分析方法将关系型数据和属性数据输入 STATA 软件进行回归分析、因子分析;在边界效应测度和评价方面采用社会网络分析法、雷达图测评法;在边界效应类型及转化分析方面主要采用定性与定量相结合的研究方法。

（三）数据分析与软件辅助相结合

结合边界效应对边境旅游影响的作用机理,比较沿边地区边境旅游管理模式、内外部合作机制,通过归纳演绎探寻边界效应转化机理,寻找边境旅游发展不平衡的调控机制。在整个研究过程中,涉及数据处理、网络分析、回归分析、边界效应测度等大量的分析内容。因此,本研究采用计算机软件辅助的方法,运用 Excel 对原始数据进行处理,用 ArcGIS 建立空间数据库,并绘制边境旅游地空间分异图形,形象地展示中国与相邻国家间的地理空间关系。

（四）学科交叉与比较分析相结合

边界效应的研究涉及国际贸易、经济地理、产业经济、社区治理等相关理论,边境旅游的研究涉及旅游经济学、旅游地理学、旅游人类学、旅游管理学等领域的相关理论。因此,本研究融合了经济学、管理学、地理学和社会学等多个学科的基本原理和研究方法,是一个多学科交叉的研究课题。为了更好地分析和认识研究对象的规律,对 45 个边境地市级行政区、136 个边境县、79 个边境口岸进行了横向比较分析,对三大边境旅游片区的发展差异、空间演化、发展不平衡特征进行了纵向比较分析。

第四节　研究思路与框架

一、研究思路

本研究选取中国 45 个边境地市级行政区为研究对象,对中国边境旅游发展的水平不均衡、空间结构不合理、治理手段不匹配及相关发展不平衡因素进行分析;选取中老缅泰边境的 8 个开展边境旅游的两两相对的口岸案例地开展调查,进行边界效应测度和分析。与此同时,在文献资料收集和分析的基础上,重点探讨边界效应类型和转化机理,通过对边境旅游地边界效应评价,通过理论研究和实证研究相结合的方式,提出边境旅游发展不平衡调控对策。具体的研究思路如图 1-1 所示。

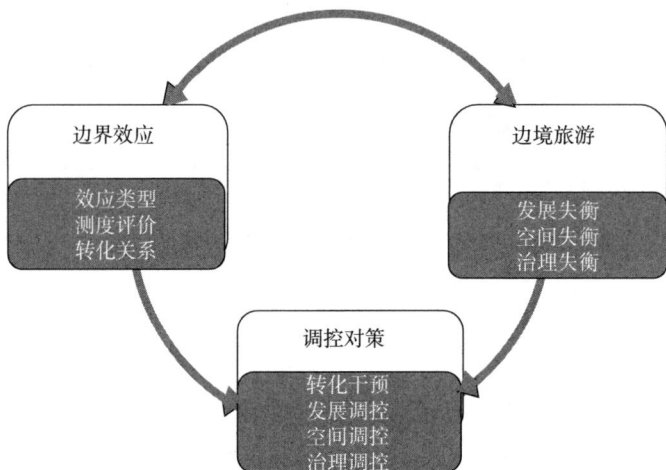

图 1-1　研究思路

图片来源:作者自行绘制。

二、研究内容

根据研究问题的需要,本研究的主要内容分为九章。

第一章是对整个研究的设计和总体安排。重点介绍研究背景、研究意义、研究基础和方法、研究思路和框架。

第二章对"边界效应"和"边境旅游"的研究现状进行分析。系统梳理和归纳了国内外相关研究成果,力求找到本研究的切入点。

第三章对边境旅游中的边界效应问题进行深入探讨。将应用于不同领域的边界效应理论进行比较分析,重点对边界与旅游的空间关系、边境旅游中边界产生的影响、边界效应的测评讨论及应用领域进行研究。

第四章为边境旅游发展不平衡现状的实证研究。通过选取中国45个边境地市级行政区作为研究样本,选取造成空间发展不平衡的驱动因素建立指标体系,使用熵值法确定指标权重,进行空间分异分析、驱动因素分析、发展不平衡因素空间计量等分析,证实中国边境旅游发展现状及发展不平衡程度。

第五章是对边界效应类型及其形成机理的理论解析。重点阐述本研究对边界效应的概念界定,边境旅游三元结构共同作用下产生阻滞效应、集聚效应和扩散效应三类边界效应,以及三类效应的驱动要素和形成机理。

第六章对边境旅游地的边界效应进行了测度实证研究。选取中老缅泰四国边境地区的8个两两相对的边境口岸作为研究对象,运用社会网络法,以田野调查方式记录边境口岸的资料和数据,并对网络密度、节点中心性、节点边界效应和整体边界效应进行测度,根据测度结果进行节点边界效应分析、边界效应类型分析和社会网络结构分析。

第七章为边境旅游地边界效应评价实证研究。以2009—2018年间中国的45个边境旅游地为样本,从边界效应理论的视角对中国边境旅游的发展进行了理论解释与评价。

第八章为边境旅游发展不平衡调控对策研究。调控对策以边界效应转化干预为理论基础,从发展水平不均衡、空间结构不合理、治理手段不匹配三个层面提出了一系列调控对策。

第九章为结论与展望。总结本研究的主要结论和观点,归纳研究的创新之处,并对本研究存在的不足和未来的研究进行了展望。

三、技术路线

本研究按照"研究背景与研究意义——国内外研究现状评述——边界效应与边境旅游的理论解析——边境旅游与边界效应的实证研究——边界效应对边境旅游发展不平衡的调控策略"的基本思路,坚持理论研究与实证研究同步推进、相互验证的原则,制定研究技术路线如图1-2所示。

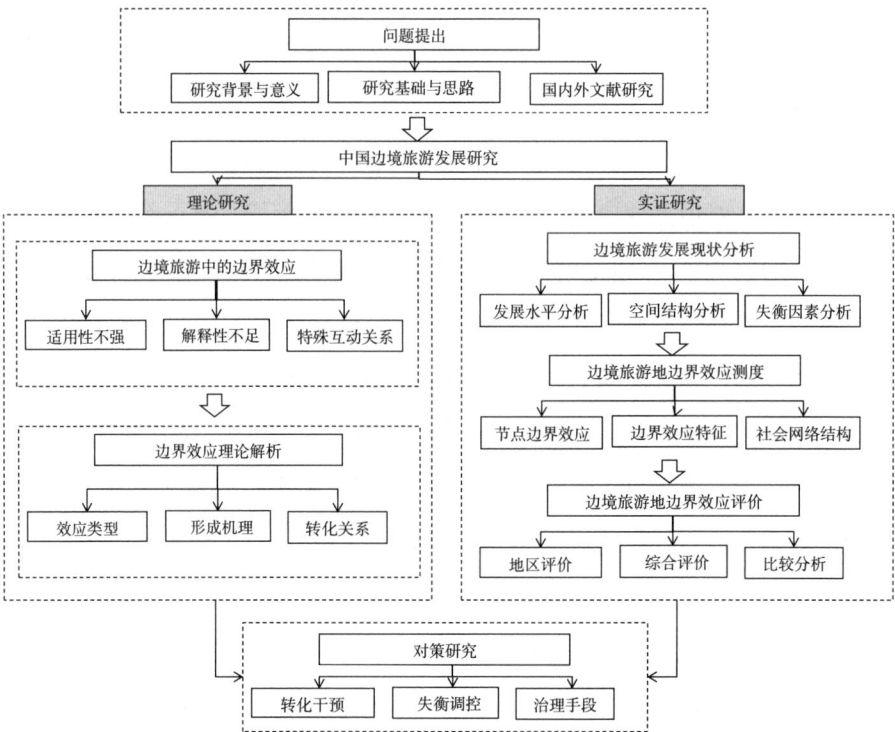

图1-2 研究框架图

第二章 研究现状

通过对国内外相关文献的研究发现,目前国内外学术界对边界效应的研究重贸易、轻旅游;对边境旅游的研究重现象、轻理论;对边境政策的研究重形式、轻学理。在旅游研究中,边界效应的异质性被大大忽略,表现为类型界定模糊、旅游特征泛化;对边境旅游的研究在引起广泛关注的同时,其独特性的研究不足,尤其是对吸引物特征、旅游系统的独特性研究不足。尤其值得关注的是,旅游的跨边界活动,在促进地区发展与区域合作的同时,也带来了边界渗透、旅游流动、空间失调、安全防范等系列问题。与此同时,国内外对边境旅游领域的研究出现三大转向:从"边缘"到"核心"的研究范式转向,从"定性"到"定量"的研究方法转向,从"边境"到"跨境"的研究内容转向。合作与治理成为边境旅游的研究热点。

第一节 边界效应研究现状

一、国外研究现状

以 Web of Science 的 SSCI 数据库为基础,检索主题词"tourism",及"effect/impact/influence",以及"border/boundary",进一步筛选与旅游相关的文献,得

到 1995—2021 年的 1124 篇国外文献。国外研究文献在 2009 年后有着明显的增加,虽有一段时期的起伏,但在 2015 年后逐渐出现了喷涌态势(见图 2-1)。

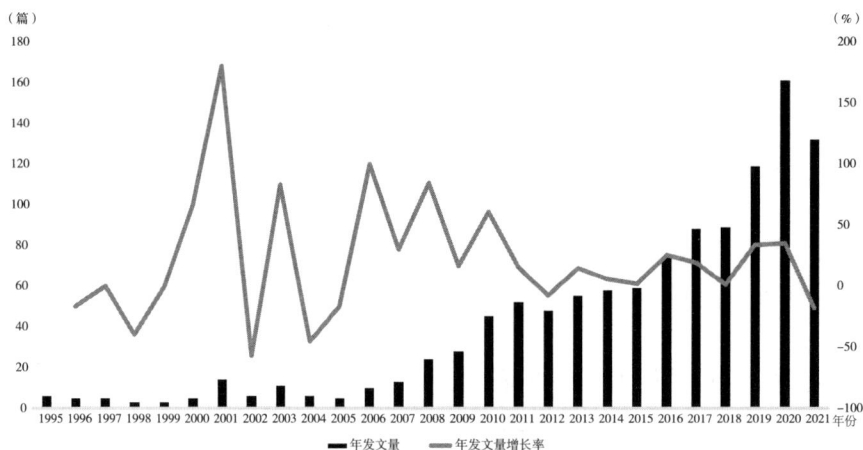

图 2-1 国外核心研究进展(1995—2021)

在第一次世界大战后,边界划定与再分配问题引起各国重视。对边界问题的研究起源于对边境地区(borderland)在和平进程中发挥的功能与作用的讨论,边界及边界相关研究逐渐形成一个重要课题。[①] 而在现实层面,边界效应理论逐渐被各学科运用于对现实问题的解释,使其所代表的理论涵义和研究范式发生了不同程度的迁移。本书通过对相关文献的梳理,发现相关研究成果在对边界效应的界定上存在三个方面的差异:一是边界效应的内涵差异;二是边界效应的空间范围差异;三是边界效应的传导机制差异。

(一) 边界效应的内涵差异

边界本身具有不同维度的涵义,因而不同学科对边界效应的内涵解释存在差异。传统意义上,政治地理学认为边界来自于国家间相互承认而建立的

[①] V. Kolossov, " Border Studies: Changing Perspectives and Theoretical Approaches ", *Geopolitics*, Vol.10, No.4, 2005, pp.606-632.

国际协定①,国家边界是现代国家建设和全球国家体系下的政治界限或社会建构的产物②,自 17 世纪以来,明确划定的边界成为全球化国家体系中的关键要素。但随着边界的空间概念扩大化,一些心理学、生态学,甚至是物理学、化学等技术科学方面的研究也都有涉及到边界问题,因此,在广义层面上边界被表示为两个差异化领域间的界限。

(二) 边界效应的空间范围差异

政治地理意义上的边界,是不同的空间范围的地域界限。Bartlett 和 Mackay 提出边界具有三种空间层次:一是用来划分不同管辖区具有法律意义的"边界线"(border line);二是位于此法定线两侧可变范围的"边境区域"(frontier area);三是不同社会和权力中心之间的"过渡区"(zone of transition)。③ 然而,由于管辖区、权力等级、权力范围的差异,国家边界的内部也存在着划定不同地区的行政边界,国家边界、行政边界产生的边界效应不同。Chen 在对欧洲七个国家的 78 个行业的跨境贸易的调查中,证明了不同范围和尺度的边界效应存在着显著差异。④

(三) 边界效应的传导机制差异

主体论和客体论是边界效应传导机制的代表性观点。主体论者关注边界产生的影响,讨论边界存在的作用和意义,探索边界对先定空间产生的动态影

---

① A.Paasi,"The Political Geography of Boundaries at the End of the Millennium:Challenges of the de-Territorializing World,Curtains of Iron and Gold",*Reconstructing Borders and Scales of Interaction*,Vol.24,No.9,1999.

② M.Baud,W.Van Schendel,"Toward a Comparative History of Borderlands",*Journal of World History*,1997,pp.211-242.

③ E.L.Jones,"Medieval Frontier Societies",*History Reviews of New Books*,Vol.16,No.4,1990,pp.465-467.

④ N.Chen,"Intra-national Versus International Trade in the European Union:Why do National Borders Matter?"*Journal of International Economics*,Vol.63,No.1,2004,pp.93-118.

响,即边界对空间经济、社会和政治活动产生的重构作用。① 而客体论者更倾向于讨论边界是如何被塑造的,如 Eder 将边界分为硬性边界和软性边界,硬性边界是被制度塑造、被法律记录的,软性边界则基于社会现实的演变而形成。② 此外,也有学者认为边界和边界空间的影响过程并非是单向的,而是双向互动的,二者相互建构、互相作用。③

(四) 边界效应的同质要素

梳理总结学术界对边界效应同质观点时,可以发现当前对边界效应存在着四类理解:一是边界对流动造成阻碍;二是边界促使双边差异发展;三是边界影响地区发展;四是边界只在一定范围内有效。虽然学者们对边界效应的概念没有达成共识,但从边界效应的本质出发,以地理学、经济学为代表的观点都认为边界效应研究的是“同质要素”引起跨边界活动的差异化现象或是影响。具体而言,边界效应必须满足四个条件:边界空间、群体差异、接触碰撞和要素变化。其中,边界空间是接触范围,群体差异是效应主体,接触碰撞是效应基础,而要素变化是效应结果,四者具有共生性。

表 2-1　边界效应代表性核心观点

核心观点	具体例子	观点来源
边界对流动造成阻碍	边界对贸易、旅游、知识流动等的阻碍程度	McCallum(1995); Head & Mayer (2000); Evans(2003); Chen(2004); Rossi-Hansberg(2005); Fischer,Scherngell & Jansenberger(2006); Hazledine(2009); Macrae, Kingham & Griffin(2015)等

---

① J.V.Minghi,"Boundary Studies in Political Geography",*Annals of the Association of American Geographers*,Vol.9,No.3,1963,pp.407-428.

② K. Eder, " Europe's Borders: The Narrative Construction of the Boundaries of Europe", *European Journal of Social Theory*,Vol.9,No.2,2006,pp.255-271.

③ H.V.Houtum,T.V.Naerssen,"Bordering,Ordering and Othering",*Tijdschrift voor Economische en Sociale Geografie*,Vol.93,No.2,2002,pp.125-136.

续表

核心观点	具体例子	观点来源
边界促使双边差异发展	由于边界的存在使边界两侧的价格、经济发展水平、文化、收入水平等存在差异	Engel & Rogers（1995）；Clark & Wincoop（2001）；Parsley & Wei（2001）；Schiebel, Omrani & Gerber（2015）；Ge, Stewart, Sun, Ban & Zhang（2016）等
边界影响地区发展	边界对边境地区的市场、产业、旅游、社区生活等的影响	Hampton（2010）；Mata & Llano（2011, 2013）；Schiebel, Omrani & Gerber（2015）；Peng, Zhang, Liu, Lu & Yang（2016）；Persyn & Torfs（2016）等
边界只在一定范围内有效	研发创新、医疗改革、政府补贴、制度政策等只在一定范围内是有效的	Bottazzi & Peri（2003）；Bradbury（2013）；Belenzon & Schankerman（2013）；Alm & Enami（2017）等

二、国内研究现状

（一）内涵论与外延论是主流观点

诸多学科对边界的内涵界定存在明显的差异。虽然不同学科对边界的概念都给出了自己的理解,但主要集中在经济学、政治学等学科视角方面,并且形成了两大派别,分别为内涵论和外延论。在内涵论代表性的观点中,经济学将边界看成是不同经济地域系统的分界线,其影响具有双重性(洪国志等,2011;陆继峰,2013;张帆等,2015)[1];政治学将边界视为一种政治分隔,主要起到主权保护的作用(曾冰,2015)[2];法学将边界看作是确定国家间领土范围,划分一国领土与他国领土或与国家管辖范围之外的界限(王铁崖,

---

① 洪国志、李郇:《基于房地产价格空间溢出的广州城市内部边界效应》,《地理学报》2011年第4期;陆继峰:《边界效应转化下的跨边界次区域经济合作研究》,《商业时代》2013年第14期;张帆、杜宽旗、阮有仲:《广西北部湾经济区与越南北部三省经济合作边界效应研究》,《广西社会科学》2015年第11期。

② 曾冰:《边界效应与省际边界区经济发展——基于新经济地理视角》,《财经科学》2015年第9期。

1955)①;心理学将边界视作事件的时间、信息的分界(李英迪等,2009)②。边界外延论主要从边界分类、边界属性和边界功能开展研究。杨汝万等(1999)在将边界功能界定为屏障功能和中介功能的基础上,将边界划分为全封闭型边界、半封闭型边界和开放型边界三种类型。在此基础上汤建中等(2002)以东北亚地区为例,从跨国界经济合作角度,将边界划分为封闭型、半封闭型和开放型等类型。梁双陆(2008)在借鉴杨汝万、汤建中等学者研究的基础上将边界划分为对抗/分隔型边界、自由型边界和调控型边界三种类型。

(二) 边界效应是研究的重要命题

从文献梳理中可以发现,边界效应是边境旅游研究最前沿的学术问题。这是因为:任何一种跨边界旅游合作的本质都是为了化解边界对旅游活动的隔离和阻滞,促进旅游发展,使边境地区在安全稳定的前提下获得发展。但因为中国边境旅游发展尚处于初级阶段,对边界效应与边境旅游的研究还不多见。边界效应是跨境旅游区空间发展的主要影响因素之一,对边界效应测度方法的研究为跨境旅游合作机制提供了一个新视角(杨效忠,2010),同时,边界效应转化是跨边界次区域经济合作研究中的一个重要命题(梁双陆,2007)。在实践层面,发展边境旅游已经成为中国推进"一带一路"沿线国家的国际合作、实施"旅游外交"战略的重要措施,也是边疆地区稳定与发展的着力点。

(三) 尚未形成旅游学科视角观点

在旅游研究中,边界效应的异质性被大大忽略。政治地理学中,屏蔽效应是指阻碍空间相互作用的边界效应;经济地理学中两者之间存在一定联系,中

---

① 王铁崖:《从国际法上论集体自卫》,《法学研究》1955 年第 4 期。
② 李英迪、何先友:《记叙文中时间信息的事件边界效应》,《心理与行为研究》2009 年第 2 期。

介效应的结果带来的是市场一体化,屏蔽效应的结果带来的是市场分割。靳诚等(2008)认为边界效应存在质的边界效应和量的边界效应两种形式。[①] 白旻(2009)结合贸易大国产业发展战略问题的研究,认为边界效应存在进口边界效应和出口边界效应两种形式。[②] 韩玉刚等(2011)认为边界效应的表现形态有"屏蔽效应""中介效应""选择效应"与"切换效应"等。[③] 可以看出,作为旅游吸引物的边界,其异质性被忽略,边界效应理论在旅游研究中存在着适用性不强、解释性不足等问题,旅游学科视角的观点尚未形成。

三、边界效应研究述评

(一) 认为边界效应是研究的重要命题

旅游的流动性与边界功能作用之间存在着复杂的互动关系。全球化下更为复杂的国际形势、新型全球性危机、区域发展的空间不平衡等,暴露了旅游发展实践中存在的问题,为探索和解释这些现实问题背后的深层原因,边界效应理论被应用于旅游研究中。虽然边界效应广泛存在于多个学科领域,具有丰富多样的表现形式和差异化的理解,但根据研究共识,边界效应具有的四个要素:边界空间、群体差异、接触碰撞及要素变化,体现着边界效应发生的过程。通过对已有文献的梳理与总结,旅游中的边界效应研究主要有以下特点:

第一,旅游中的边界效应具有特殊性。虽然贸易和旅游存在共性,可以在一定程度上借鉴贸易边界效应讨论旅游中的边界效应,但无论是从旅游敏感性的角度,还是从边界吸引物的角度出发,相比其他边界效应而言,旅游中的边界效应体现为阻碍力、吸引力、渗透力和扩散力的综合作用,其边界范围更

---

① 靳诚、陆玉麒:《区域旅游一体化进程中边界效应的定量化研究——以长江三角洲地区入境旅游为例》,《旅游学刊》2008 年第 10 期。

② 白旻:《边界效应、规模效应与后发大国的产业发展战略》,《世界经济研究》2009 年第 8 期。

③ 韩玉刚、焦华富、李俊峰:《改革开放以来中国省际边缘区研究历程及展望》,《地域研究与开发》2011 年第 30 期。

为广泛,空间互动更为独特。

第二,旅游中的边界效应具有多维性。虽然当前旅游研究中针对边界效应的研究多集中于旅游流,但旅游的边界效应广泛存在于旅游地发展和国家旅游合作实践中。不同类型、不同尺度的边界对旅游有异质的影响,其中,国家边界的影响机制最为复杂。

第三,旅游中的边界效应具有动态演化性。受外部要素干预,旅游中边界效应的阻碍力、吸引力、渗透力和扩散力被增强或被消除,使边界效应整体不断发展演变。具体表现为:受全球化趋势、一体化进程、紧密的社会联系等因素的影响,边界效应的阻碍力将被削弱,但危机事件、国家安全措施等将增强边界效应阻碍力。

第四,旅游中的边界效应具有转化性。旅游中边界效应表现出的阻碍力、吸引力、渗透力和扩散力将成为边界效应利用的依据,通过边界效应驱动力的转化,可以使其贡献于旅游发展、旅游地发展、国家合作的实践。

(二) 对边界效应理论研究的局限性与不足

全球化背景下国际合作增强、要素流动加剧,为边境治理和国家安全带来了挑战。全球性危机事件增多,引发了全球化和逆全球化、去边界化和再边界化的争论,而边界效应理论成为研究热点。旅游活动的本身具有的流动性和空间性,使其无法摆脱边界带来的系列影响,因此将边界效应理论应用于旅游研究中,对解释、分析、解决一系列相关现象和问题极为必要。然而,当前对旅游的边界效应研究还存在着一些局限与问题:

第一,当前国内学者主要是借鉴经济学中的边界效应理论探究旅游的边界效应问题,可能存在概念泛化、理论解释力不足等问题。一些旅游的边界效应研究成果忽略了旅游流与贸易流的差别,忽视了边界与旅游的特殊互动关系,直接借鉴贸易边界效应理论,导致旅游的边界效应类型划分、评价、测度可能存在一些偏差。

第二,目前旅游中边界效应的研究在一定程度上忽视了范围与尺度问题。当前关于旅游研究中边界效应的讨论,更多是从旅游流的角度出发,未能全面考虑旅游中的边界效应对地区和国家广泛而复杂的综合影响;此外,关于旅游的边界效应研究多局限于地区边界,但不同尺度的边界在效应功能、过程和结构等方面有明显差别,更需要进行多层次、差异化的分析。

第三,边界效应的利用研究不足。当前对边界效应动态演变的研究较为单一,主要是基于无边界理论,认为边界效应会随着时间而消亡,或是在国际危机事件中由于安全措施增强而增强。然而,边界效应的动态演变有着基于其内在阻碍力、吸引力、渗透力和扩散力的动力机制,片面地将边界效应视为阻碍力的影响并不科学。此外,边界效应并非只能完全被动接受,人们也可以通过主动干预、转换与利用,为旅游实践做出有益贡献。

总体来看,当前对旅游的边界效应理论研究多集中于对边界与旅游表层关系的讨论上,边界效应的研究深度不足、评测方法单一、范围尺度有限。而中国的旅游业正处于高速发展阶段,游客的需求逐渐多样化,异质性、边缘性的旅游目的地逐渐被关注。同时,国家边界问题不仅与边境地区有关,还与更大范围内的国家主权相关,边境地区面临着旅游需求迅速增长与维护边境安全稳定之间的矛盾。因此,未来研究有必要将旅游中的边界效应区别开来,形成新的研究领域。这种将国家边界特性、国际形势、国家战略与旅游流动、旅游经济结合起来的理论探讨,将对促进边境地区的旅游发展、促进国际交流合作产生理论贡献。

第二节　边境旅游研究现状

边境旅游不仅可以繁荣边疆地区的经济发展、促进文化交流,还可以对缓和地区冲突、加强经贸合作产生积极影响。基于边境旅游的独特地位和重要作用,中国学者从边境旅游的概念、作用和影响等视角切入,对边境旅游发展模式①、旅游产品开发②、边境旅游目的地空间结构③、边境旅游发展战略④四类主题进行了研究和探讨。此类结论固然揭示了边境旅游的特点与作用,但却大多止步于此,没有深入探究边境旅游的成因、影响机理等,对案例地的选择和探讨也浅析辄止。国内研究仍然存在研究主题较少、结合学科不多、研究方法有限、定量研究不足等问题。国外边境旅游的相关研究已有较长的历史,多采用实证研究与定量研究相结合,且研究主题和研究视角多样,对边境旅游的研究已取得了可观的成果。

一、国外研究现状

(一) 边境旅游研究受到广泛关注

通过对 1999—2019 年国外"边境旅游"主题文献发文量和时间分布分析,可发现近二十年来相关研究数量总体呈上升趋势。(见图 2-2)具体可分为两个阶段:第一个阶段为波动增长期(1999—2007 年),这一时期的发文量增长趋势起伏不定,总体发文量较少,保持在每年 7 至 30 篇;第二个阶段为稳定增长期(2008—2019 年),这一时期的发文量呈快速增长趋势,十年间每年平均发文量从 44 篇增长到 164 篇,保持着较高的年平均增长率。1999—2019年每年文献发表数量的增长趋势可以说明学术界对于"边境旅游"研究主题的关注。

---

① 赵建平、明庆忠:《边境旅游发展水平的地域变化及驱动力研究》,《中州大学学报》2019年第 36 期。

② 李东等:《中哈边境地区旅游廊道空间布局与发展系统》,《干旱区地理》2017 年第 40 期。

③ 张生瑞等:《中国陆地边境旅游发展区域差异及其影响因素》,《地理研究》2020 年第 39期;董培海、李伟:《边境旅游发展的空间结构及其演变——以云南省为例》,《学术探索》2019 年第 5 期。

④ 周彬等:《黑龙江省中俄界江旅游发展策略研究》,《经济地理》2013 年第 33 期;贺传阅等:《黑龙江省中俄边境旅游发展战略研究》,《生态经济》2014 第 30 期。

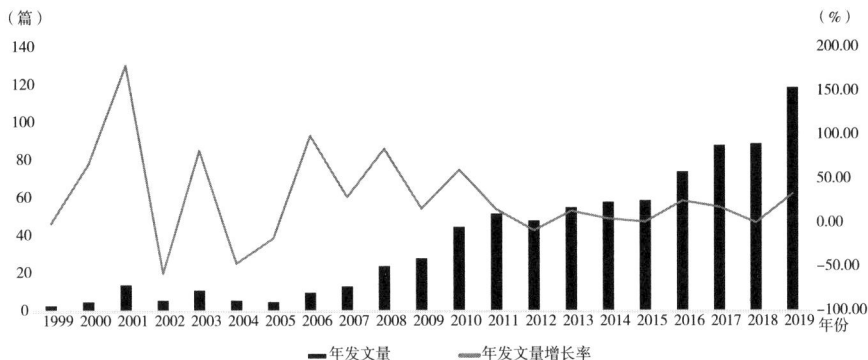

图 2-2 1999—2019 年国外每年文献发表数量趋势图

（二）边境旅游热点议题不断更迭

边境旅游研究的主要议题在近 20 年来不断更迭,但部分研究主题经久不衰。这些往复出现的研究热词可以帮助研究者紧扣研究热点,预测研究发展方向。图 2-3 所示的关键词共现知识图谱中,节点面积大小表示关键词出现频次强弱,节点圈指示关键词出现的时间点,节点间连线表示关键词间共引强度的大小。其中,1159 篇文献中共含关键词 89 个,出现频次最高的三个关键词为 impact、medical tourism 和 management;出现频率不低于 8 次的共有 33 个关键词。Impact 涉及的主题包括边境旅游所产生的影响及因素;medical tourism 代表了边境旅游的一大热门主题。因此,国外边境旅游的研究热点主要集中在边境旅游影响、医疗旅游以及边境管理等方面。

通过关键词探寻边境旅游研究的发展脉络,结合时间线视图和时区图,梳理各年间关键词的发展趋势,可以发现两大特征。第一,边境旅游研究已经兴起。1999—2009 年,边境旅游主题的研究数量相对较少,未出现任何突现词;到了 2010 年,随着"全球化（globalization）"突现词的出现,突现词数量增多（见图 2-4）,产生了以医疗为主题的"cross-border reproductive care""health care"和"medical tourism"高突现度关键词。第二,边界旅游主题纷繁。2010 年

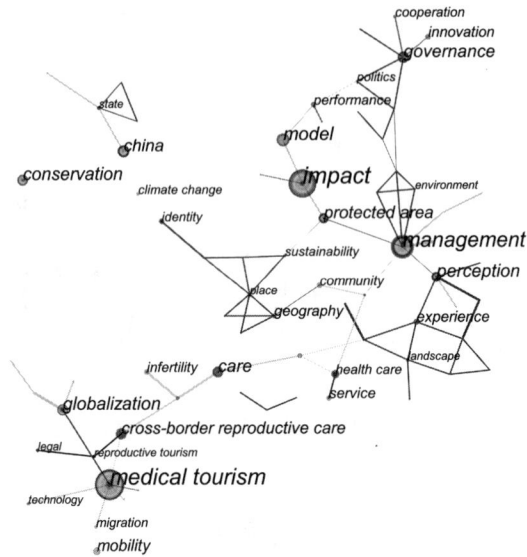

图 2-3　边境旅游关键词共现知识图谱

Top 18 Keywords with the Strongest Citation Bursts

Keywords	Year	Strength	Begin	End	1999 - 2019
cross-border reproductive care	1999	8.03	2010	2013	
care	1999	5.81	2010	2013	
reproductive tourism	1999	5.39	2010	2011	
infertility	1999	5.33	2010	2013	
globalization	1999	4.16	2010	2014	
legal	1999	3.92	2010	2011	
country	1999	3.75	2010	2015	
world	1999	3.16	2010	2014	
medical tourism	1999	4.28	2011	2013	
fertility tourism	1999	4.02	2011	2013	
health	1999	3.69	2011	2013	
power	1999	3.33	2011	2012	
cooperation	1999	4.83	2015	2019	
service	1999	4.1	2015	2016	
cross-border cooperation	1999	3.85	2016	2019	
innovation	1999	4.66	2017	2019	
quality	1999	3.94	2017	2019	
satisfaction	1999	3.48	2017	2019	

图 2-4　边境旅游突现词一览表

后,边境旅游主题呈现百花齐放的态势,各类研究主题纷纷显现,高突现度关键词包括"边境社区(community)""游客感知(perception)""环境保护(conservation)""中国(China)""边境管理(governance)"等。

(三) 主流热词分阶段类聚

当边境旅游进入 2008 年之后,各类复杂的主题如"risk""power""legal""politics"等,开始向合作方向探索,但却局限在国家间的各类冲突、困难等问题领域。冲突和合作是边境旅游研究的热点问题,这一时期的最大关键词聚类"和谐发展(harmonization)"是边境旅游主题的研究方向。从边境旅游发展主题趋势(见图 2-5)不难看出,边境逐渐从一种障碍(移民、国力)发展成旅游吸引物(文化、民俗),而边境旅游合作和游客感知成为边境旅游近年来的研究主流热词。特别是自 2014 年后发文量迅速增长,由每年40 篇逐渐发展至 160 篇,研究方法和研究主题向多元化方向发展,理论发展愈加成熟。

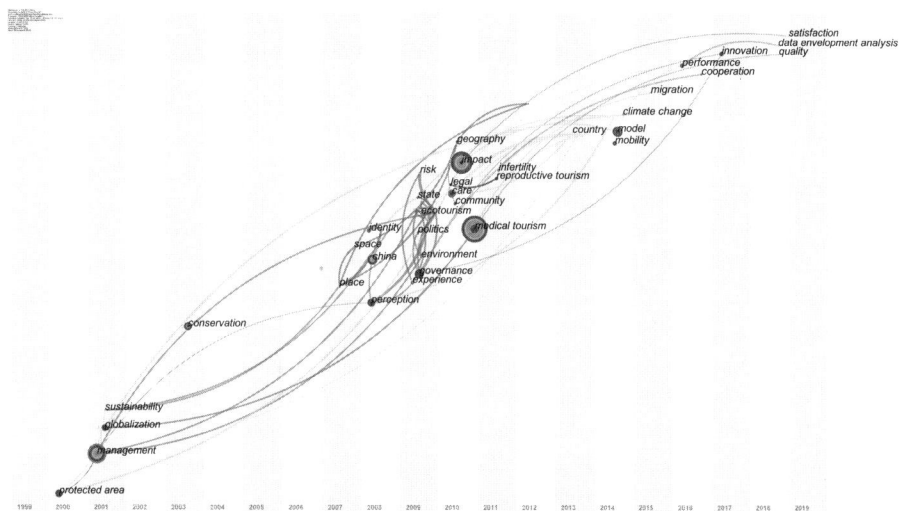

图 2-5　边境旅游关键词聚类时区图

（四）研究视角从单一转向多元

最初,边境旅游研究视角较为单一,涉及的研究主题以政治、环境及外交为主。然而,随着全球化带来的全球变暖、空气污染等环境问题备受关注,环境学、生态学等学科视角开始进入到旅游研究领域。与此同时,贸易往来、人口流动、国际关系、知识传播等方式对边境地区产生巨大影响,边境旅游研究视角开始向多元、立体维度转向。学者们开始尝试使用多种学科研究方法,如等价距离指标、回归方程、投入产出法等对边境旅游对邻国的影响进行探究,探究主题包括边境旅游对经济、当地居民身份认知等的影响。① 例如,Timothy首次使用可持续发展原则,进行多国跨境公园合作管理体系构建。此后,多种实地考察法如半结构化访谈、建筑现场测绘(site mapping)被运用到此领域。②与此同时,旅游者满意度的重要性也被提上日程,问卷调查、帕累托效应都被用于测量旅游者满意度。③

边境旅游研究视角进入多元化研究阶段后,学者们发现边境关系复杂多样,极易受到政治关系、领土纠纷、军事冲突、地区利益等各类因素的影响。这一时期的研究主要集中在如何处理文化和社会差异、管理当地居民态度、获得国家间共识,以促成与邻国合作,实现互利双赢;如何利用目的地营销法,结合

---

① M.P.Hampton, "Enclaves and Ethnic Ties: The Local Impacts of Singaporean Cross-border Tourism in Malaysia and Indonesia", *Singapore Journal of Tropical Geography*, Vol.31, No.2, 2010, pp. 239-253; S.Smith, P.Xie, "Estimating the Distance of the Canada-U.S.Border on U.S.-to-Canada Visitor Flows", *Journal of Travel Research*, Vol.42, 2003, pp.191-194; P.Sullivan, M.A.Bonn, Bhardwaj V., et al., "Mexican National Cross-border Shopping, Exploration of Retail Tourism", *Journal of Retailing and Consumer Services*, Vol.19, No.6, 2012, pp.596-604.

② D.J.Timothy, "Cross-border Partnership in Tourism Resource Management: International Parks Along the US-Canada border", *Journal of Sustainable Tourism*, Vol.7, No.3&4, 1999, pp.182-205; D.J.Timothy, "Tourism and Political Boundaries", London & New York: Routledge, 2001, pp. 115-132.

③ K.R.Lord, S.Putrevu, Yizheng Shi, "Cultural Influences on Cross-border Vacationing", *Journal of Business Research*, Vol.61, No.3, 2008, pp.183-190.

消费者行为学、消费者心理学、目的地形象感知等学科在产品开发和品牌营销上提出全新的策略，以满足消费者偏好和需求，提升消费者印象，为合作国家产生积极的经济和社会效益。①

（五）理论探索从功能说转向效应说

随着边境旅游理论探索不断深入，相关理论也得以完善。研究者们依据不同的分类方法将边境加以分类（见表2-2），以便更好地分析边境对于旅游的影响和作用。主要分类依据包括邻国交好程度、边境跨越难易度、边境两侧文化相似度和边境线相对于旅游区的位置。根据边界相邻国之间潜在的冲突和它们的交好程度，Martinez将边界分为四个类型，分别是：疏离型边界（alienated borderlands），两国的边境地区基本没有交流和往来；共存型边界（co-existence borderlands），两国的边境地区存在最低程度的交流和往来；依赖型边界（interdependent borderlands），两国的边境地区交往频繁，并有意向发展进一步的跨国合作；交互型边界（integrated borderlands），两国的边境地区政治和经济界限已基本消除，两国人民可以自由交流往来，两国商品和贸易可以自由流通和进行。②

其他有关的边界效应还包括边境旅游的经济效应。绝大部分国家的边境地区经济水平较低，而边境旅游能够为边界居民创造就业机会并提高收入水平，从而对经济起到带动作用。此外，研究发现游客的认知会对边境地区居民的认知产生对应的影响，如男女平等、女性参加工作的思想逐渐改变了当地女

---

① A. Hadinejad, B. Moyle, N. Scott, et al., "Residents' Attitudes to Tourism: A Review", *Tourism Review*, Vol.72, No.2, 2019, pp.150−165; M. Kozak, D. Buhalis, "Crossing-border Tourism Destination Marketing: Prerequisites and Critical Success Factors", *Journal of Destination Marketing 82 Management*, Vol.14, 2019, pp.1−9; P. T. Kolter, J. T. Bowe, J. Makens, et al., Marketing for Hospitality and Tourism (7th ed.), Harlow: Pearson Education, 2017, pp.340−352.

② O. J. Martinez, The Dynamics of Border Interaction: New Approaches to Border Analysis, London and New York: Routledge, 1994, pp.1−15.

性不用参加工作的思想。①

表2-2　边境类型及边界特征

代表作者	边界分类	边界特征
Martinez	边境邻国交好程度	(1)疏离型边界:两国的边境地区基本没有交流和往来 (2)共存型边界:两国的边境地区存在最低程度的交流和往来 (3)依赖型边界:两国的边境地区交往频繁,并有意向发展进一步的跨国合作 (4)交互型边界:两国的边境地区政治和经济界限已基本消除,两国人民可以自由交流往来,两国商品和贸易可以自由流通和进行
Timothy	边境穿越难度、边境邻国文化相似度	(1)跨越难度大、文化相似性小的边境区域 (2)跨越难度大、文化相似性大的边境区域 (3)跨越难度小、文化相似性小的边境区域 (4)跨越难度小、文化相似性大的边境区域
Martinez	边境与旅游区位置	(1)一个旅游区靠近边境且位于边境线单边 (2)两个旅游区远离边境且分布于边境线两边 (3)两个旅游区靠近边境线,或边境线穿过一个旅游区

二、国内研究现状

国内文献方面,以中国知网为文献获取平台,首先对CNKI中文数据库进行高级检索,分别以"边境旅游""跨境旅游"为检索式,按精确匹配方式,文献检索时间范围为建库起始到2017年12月,共检索到86篇博硕士论文、期刊文献244篇。通过对国内文献分析,国内研究进展表现为以下特点。

(一) 研究经历了三个阶段

中国边境旅游研究的理论视角迄今经历了三个阶段的演变历程。第一阶段为初始阶段。中国从1992年开始出现关于边境旅游的研究论文,此后20多年时间里,边境旅游研究的成果不断增加。这一时期的研究集中在国

---

① N.O'connor, P. Bolan,"Creating a Sustainable Brand for Northern Ireland Through film-induced tourism",*Tourism Culture & Communication*, Vol.8, No.3, 2008, pp.147-158.

内边境旅游发展现状描述①、边境旅游资源评价②、边境旅游开发思路和国外经验介绍③几个方面,研究成果以定性研究为主。第二阶段为发展阶段,2003年以后,以如何开拓边境客源市场以及如何开展跨境旅游合作为主题的对策类研究开始增多④,也反映出中国旅游对外开放程度的提升和边境旅游发展对跨境合作的需要。第三阶段为涌现阶段,随着对国外研究成果的吸收和国内旅游研究的发展,中国边境旅游研究不再局限于现象描述和政策分析,转而朝着更加丰富的学理研究方向发展。涌现出基于"行动者—网络理论""文化权力理论""感知理论""旅游形象理论"等为代表的研究成果,多学科交叉的研究视角开始显现。

(二) 高水平论文不多

截至目前,国内对边境旅游的研究成果发表于核心期刊的成果并不多见,这说明国内学者对边境旅游的研究广泛关注的同时,存在研究主题宽泛、研究方法单一、理论深度不足等问题。在一定程度上,正好反映出对边境旅游的理论研究亟待突破,并具有发展成为全新研究领域的可能性。美国科学哲学家托马斯·库恩 1962 年提出了著名的范式理论,他认为,科学研究周而复始、不断经历着从前范式常规科学、危机、范式革命再到常规科学的循环。⑤ 我们认为,边境旅游研究目前正处在库恩所说的"前范式"阶段。这一阶段的特点正好符合库恩"多元化和无序的研究,随机事实的收集,缺乏基本的法则和理论

---

① 中国社科院财贸经济研究所《边境旅游研究》课题组:《关于云南省瑞丽、畹町边境旅游情况的考察报告》,《旅游学刊》1994 年第 4 期。

② 周长军、周永明:《开发边境旅游资源发展边境旅游经济》,《旅游学刊》1997 年第 3 期;孙文昌、韩杰:《东北边疆区域旅游的开发》,《东北师大学报》(自然科学版)1992 年第 3 期。

③ 《边境旅游概说:国际的实践与经验》,《经济研究参考》1996 年第 1 期。

④ 杨勇:《中国—东盟自由贸易区与东兴市旅游市场的进一步开发——环北部湾地区边境旅游研究系列论文之二》,《西南民族大学学报》(人文社科版)2005 年第 1 期。

⑤ [美]托马斯·库恩:《科学革命的结构》,金吾伦、胡新和译,北京大学出版社 2003 年版。

假设,范例和模式的稀缺"的观点。① 总体而言,边境旅游的研究者们开始借鉴其他学科的理论成果来丰富这一领域的研究。2009年至今,开始出现基于心理学、社会学、政治学、经济学、系统论等学科视角的研究成果,学者们将游客感知理论、行动者—网络理论、利益相关者理论、文化权力理论、区位价值理论、帕累托效率理论和旅游系统理论等理论成果与边境旅游结合起来,丰富了边境旅游的理论内涵,推动着边境旅游研究朝着常规科学方向发展。

(三) 热点领域尚未形成

通过对高频关键词研究热点的分析(见表2-3),国内研究较为关注"对策""战略""合作""旅游资源""边境问题""边境贸易""一带一路""边境口岸"等内容,研究案例多选取中俄边境、中越边境等地。约10%的关键词出现频次占总频次的60%。通过对研究热点高频词的分析、归纳,边境旅游研究主要集中在以下几个方面:国家战略背景下边境旅游发展现状、边境旅游发展的问题和经验、边境旅游发展思路和模式、边境跨区域合作等的探讨,同时也包括对边境旅游资源开发、边境旅游产品、边境旅游客源市场、边境旅游需求特征、边境贸易活动发展历程等内容。国内研究表现出研究问题分散、热点领域尚未形成的特点。

表2-3 高频关键词统计表

序号	关键词	频次 (次)	累计 百分比 (%)	序号	关键词	频次 (次)	累计 百分比 (%)
1	边境旅游	142	15.73	16	云南	10	50.28
2	对策/思路/战略	60	22.37	17	旅游发展	9	51.27
3	跨境合作	42	27.02	18	中朝边境	8	52.16
4	旅游资源	26	29.90	19	出境旅游	7	52.93

① 邹统钎:《旅游学术思想流派》(第二版),南开大学出版社2013年版。

序号	关键词	频次（次）	累计百分比（%）	序号	关键词	频次（次）	累计百分比（%）
5	边境地区	25	32.67	20	发展模式	7	53.71
6	中俄边境	20	34.88	21	边境城市	7	54.49
7	现状/问题	18	36.88	22	研究进展/综述	6	55.15
8	广西	17	38.76	23	国际旅游	6	55.81
9	黑龙江	17	40.64	24	中国旅游业	6	56.48
10	边境贸易	15	42.30	25	旅游市场	6	57.14
11	中越边境	15	43.96	26	展望及启示	5	57.70
12	一带一路	13	45.40	27	内蒙古	5	58.25
13	新疆	12	46.73	28	辽宁（丹东）	5	58.80
14	边境口岸	11	47.95	29	影响因素	5	59.36
15	旅游产品	11	49.17	30	客源地	5	59.91

三、边境旅游研究述评

综合国内外研究现状来看，边境旅游研究领域呈现出四大特征。

（一）从"边缘"到"核心"的研究范式转向

在旅游领域的研究中，Firedman（1966）提出的"核心—边缘理论"成为解释区域发展水平空间差异和区域空间结构演变模式的经典理论。该理论认为，核心区与边缘区是一个完整的空间系统，在区域经济增长过程中，核心区与边缘区之间存在着不平等的发展关系，核心区居于主导地位，边缘区在发展上依赖于核心区。然而，边境地区由于旅游业的发展，核心区与边缘区的空间关系会发生变化，二者的关系从互不关联、孤立发展变成相互联系、紧密发展，甚至一些曾经的边缘区发展为新的核心区。这一趋势同样表现在学术界，由于多数学者习惯于将边境地区视为边缘区，忽视了边缘区转化成为核心区的可能,其结果就是多数成果难以清晰认识和深度发掘边境旅游发展的本原机理、引导机制和实现路径。因此,"边缘"与"核心"之间的关系既对立又共生,恰如一枚硬币的两面,二者既相互对应又互为因果,这意味着边境旅游研究需要实现从"边缘"到"核心"的范式转向。

(二) 从"定性"到"定量"的研究方法转向

边界效应测度使得边境旅游研究进入到"定量化"时代。在经济一体化进程中,随着边境旅游的发展,边界效应问题呈现出较高的弹性,并表现在制度、文化、种族等方面,这也成为当前边境问题研究的热点。边境旅游的定量化研究,需要采用不同学科的视角进行尝试,如社会学、人类学、地理学、旅游学、政治学、经济学、生态学等。目前边界效应的测度方法主要有三种:重力模型、趋同分析和社会网络法。重力模型是边界效应测度的起点,主要是采用经济学视角对贸易流等进行测度。趋同分析和社会网络法是边界效应测度应用比较少的方法。要充分借鉴国外成果经验,采用定量研究方法,加强研究的科学性、严谨性。同时,要深化质化方法的运用,丰富研究视角,找到新的研究方向和问题。

(三) 从"边境"到"跨境"的研究内容转向

跨境合作是边境旅游目的地管理的重要理念,跨境旅游合作已成为国外边境管理和国家公园规划的主要建设内容。近年来,中国在大力推进"一带一路"建设。作为践行"一带一路"倡议的重要举措,推进跨境旅游合作实践发展和理论研究无疑具有重大战略意义。发展边境旅游,既涉及本国也涉及邻国。因此,不仅需要国家提供有利的政策支持,如旅游、边防、海关、土地、投资、税收政策等。还应加强对邻国国情的研究,掌握邻国的政治制度、经济状况、教育水平、社会文化、风情民俗、管理机制、旅游政策等,以便开展和实现双边或多边跨境旅游合作。在"一带一路"建设背景下,中国的"跨境旅游合作区"

"边境旅游试验区"（两区）建设,面临从"边境"到"跨境"的研究内容转向。

（四）合作与治理成为边境旅游的研究热点

在对跨境合作的研究中,学者们发现跨境旅游合作具有成本分摊、推动和平进程的作用。在跨境合作中,各国分担区域推广成本,而不必单独承担营销费用;跨境合作还将边境线两侧的国家聚集在一起,共同创造管理体系与经济利益,最终建立信任和友谊。这种友谊可以随着时间的推移改变当地人和企业的态度和行为,进而,边境间的旅游合作所产生的跨境旅游收入可以成为永久和平解决方案的催化剂。因此,发展边境旅游,进行跨境旅游合作是十分有必要的。边境的合作机制和边境旅游如何实现创新来吸引潜在游客群体、实现长足发展已成为研究热点。

第三章　边境旅游中的边界效应探讨

边界效应理论已经成为经济学的主流观点,在讨论旅游中的边界效应时,首先需要回答"边界效应是否存在于旅游中"的问题。研究发现:边界效应理论在旅游研究中存在适用性不强、解释性不足等问题,边界的阻碍力、吸引力、渗透力和扩散力被忽略;边界效应理论在旅游研究中不应局限于旅游流的视角,应充分考虑边界与旅游的特殊互动关系。在当今"全球化"与"逆全球化"并行的背景下,尽管边界效应理论较多地应用于经济学、地理学等领域来解释跨界经济行为产生的影响,然而,同质性是其核心,边界效应的异质性被大大忽略。因此,在边境旅游研究中,边界与旅游空间的关系、边界效应的理论解释、边界效应的测度方法、边界效应的应用领域是需要研究的重点问题。

第一节　对边界效应的界定

一、政治学视角

边界效应涉及领域较为广泛,主要来源于语言学、计算机、建筑学和美学等领域,是指边界所带来的效应。在英语语系中,边界效应通常翻译成"border effect"和"boundary effect",但是两者存在一定区别。"border effect"专指地理空间维度,"boundary effect"多指实际存在或想象的边界。最早研究边界效应的是 Hoover E.M.(1963),他认为边界效应是指国家权力的存在使边界对跨边界的社会、经济行为产生的影响。

在政治领域的研究中,主流观点认为随着边境地区流动性的增强,更为强势的外国经济力量渗透到边境地区,为地区安全带来较大风险,边境地区的人权、传统文化、生产结构受到挑战。与此同时,由于边界效应促使国家合作,带来的隐形效益将有助于促进和平稳定。Erik 和 Quan(2003)以信号理论为基础,提出非对称一体化虽然抑制了全球化的和平效应,但却不会加剧争端行为①;Blanton 和 Apodaca(2007)通过研究全球化背景下出口、外国直接投资、证券投资、对外援助和媒体对国内暴力冲突的影响,发现一个政体融入全球经济的程度越高,诸如切断贸易联系、撤资和停止对外援助等这些"成本"就会变得越密切。因此,国家出于对风险成本的考虑,将避免边界冲突,并加强跨边界合作联系。②

二、经济学视角

边界效应广泛存在于贸易流中,因此,一些学者基于旅游所具有的流动特性,从旅游和贸易的共性出发,借助贸易边界效应解释旅游的边界效应。首先,由于贸易和旅游存在互动关系,边界对贸易活动的影响,可能进一步影响到旅游活动③;其次,旅游流和贸易流都存在跨区域的特性,在特定空间中发生交互④,容易受到政策、价格、宣传等外部要素影响,而在流动性和敏感性兼具的边界空间内,旅游也会受影响;最后,旅游和贸易都具有距离衰减效应,二

①　G.Erik,L.Quan,"War,Peace,and the Invisible Hand:Positive Political Externalities of Economic Globalization",*International Studies Quarterly*,Vol.4,2003,pp.561-586.

②　R.G.Blanton,C.Apodaca,"Economic Globalization and Violent Civil Conflict:Is Openness a Pathway to Peace?",*The Social Science Journal*,Vol.44,No.4,2007,pp.599-619.

③　王洁洁、孙根年、黄柳芳:《香港—大陆旅游流与贸易流的互动关系分析——基于1990~2009 年数据》,《经济问题》2010 年第 12 期。

④　林岚、许志晖、丁登山:《旅游者空间行为及其国内外研究综述》,《地理科学》2007 年第 3 期。

者都面临着成本的约束,贸易量会随着距离的增加而减少[1],边界带来的时间、距离、经济成本影响着旅游活动,旅游活动的频次、时间、内容等也将随着与客源地的距离增加而减少[2]。

三、旅游学视角

旅游和政治、经济存在着显著的差别。首先,互动黏性不同,旅游和贸易并不总是同步的,并非所有情况下边界都会通过影响贸易来影响旅游;其次,从构成来看,旅游流所蕴含的要素更为丰富,包括旅游客流、旅游物流、旅游信息流、旅游资金流等,各种要素相互作用,使旅游流比贸易流更为复杂,因此边界对旅游流的影响方式更为多元[3];最后,从驱动来看,贸易活动流以利益驱动为主,而旅游活动受个人偏好等主观因素的影响较深,通常情况下并不是理性经济行为。因此,相对于贸易流而言,旅游流存在多种空间流动模式[4],边界对旅游的影响更难量化与预测。综合来看,虽然旅游和贸易存在一定的共性,贸易边界效应对旅游的边界效应研究也有一定借鉴意义,但完全使用贸易边界效应来解释旅游研究中的边界效应并不适用,旅游研究中的边界效应具有一定的特殊性。

第二节　边界与旅游空间关系的探讨

一、边界与旅游系统

(一) 边界是边境旅游系统空间的重要构成

旅游系统是由多个相互作用的旅游要素连结而成的复合体,边境旅游系

---

① A.Disdier,K.Head,"The Puzzling Persistence of the Distance Effect on Bilateral Trade",*The Review of Economics and Statistics*,Vol.90,No.1,2008,pp.37—48.

② 杨新军、马晓龙:《区域旅游:空间结构及其研究进展》,《人文地理》2004 年第 1 期;吴晋峰、包浩生:《旅游流距离衰减现象演绎研究》,《人文地理》2005 年第 2 期。

③ 唐顺铁、郭来喜:《旅游流体系研究》,《旅游学刊》1998 年第 3 期。

④ 杨新军、牛栋、吴必虎:《旅游行为空间模式及其评价》,《经济地理》2000 年第 4 期。

统是旅游系统的一种特殊类别。① 首先,边境旅游系统在空间上具有特殊性,其依托于国家边界和边境口岸而存在;其次,边界介体在功能上不仅有着通道的功能,更具有旅游吸引物的功能,在整个旅游系统中发挥着不可忽视的作用。因此,除目的地要素和客源地要素之外,边境旅游系统的运作机制还受到边界要素的制约和影响。边境旅游系统揭示了目的地、客源地、边界的空间关系以及系统内的要素流动。在空间表现上(见图3-1),边界子系统依赖于边界而存在,其实体表现为边界通道,即边界线、国门、口岸、安检等,空间范围上表现为两国共有且连通的口岸及边界线;目的地子系统内的要素实体表现为边界景观,以及当地自然、人文景观资源,同时配套以旅游服务设施、城市服务设施;客源地子系统空间范围上表示为边界线两边的国家。从范围大小来看,

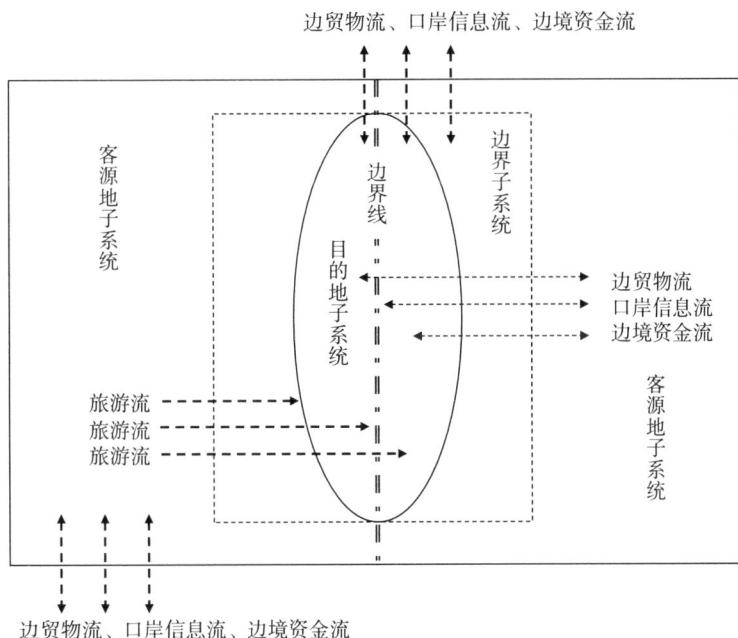

图3-1 边境旅游系统空间

---

① B.McKercher,"A Chaos Aproach to Tourism", *Tourism Managemenr*, Vol. 20, 1999, pp. 425-434.

客源地子系统最大,在理论上以国家为单位,其次为目的地子系统,理论上以边境城市为单位,最后为边界子系统,以口岸为单位。

(二) 边境旅游地由客源地、目的地和边界三个子系统构成

客源地子系统、目的地子系统和边界子系统间的相互作用形成边境旅游目的地的系统功能。目的地子系统通过要素整合,对客源地子系统构成吸引力,并经由边界子系统,为客源地子系统提供旅游资源、设施与服务。客源地子系统通过满足系统内的政策、社会、个人要素需求,对游客形成推力,使游客经由边界子系统到达目的地子系统进行旅游活动。边界子系统对二者都存在着一定的作用:一方面,边界限制了目的地子系统的发展与扩张,但边界的畅通程度对目的地子系统功能的完整实现产生着影响;另一方面,边界子系统的存在也构成了游客从客源地到达目的地的通道,其畅通程度影响着客源地的形成,同时与边界相关的联想意象也会对客源地子系统构成吸引力(见图3-2)。

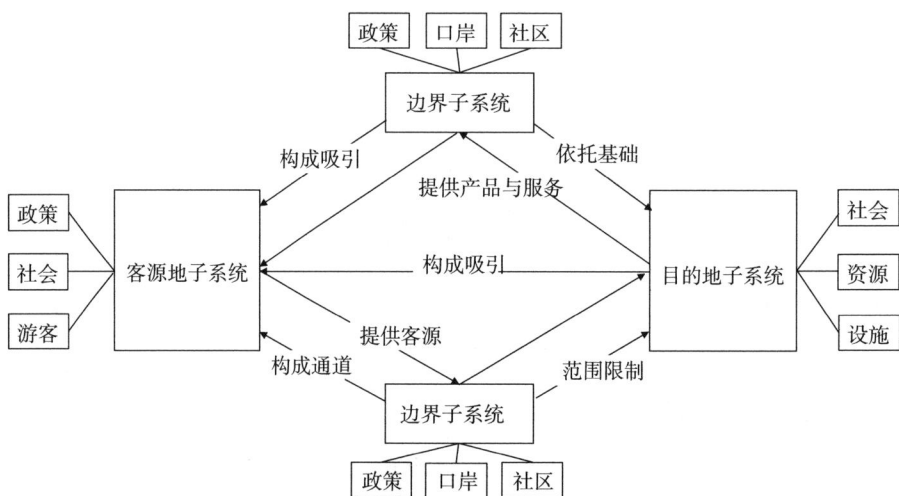

图 3-2 边境旅游三个子系统功能

二、边界效应的影响

旅游研究中的边界效应并非是一成不变的,由于受到外部因素的干预或影响,边界效应也存在动态的转变和演化。当前对于边界效应动态演化的讨论,集中在外部要素对边界效应的影响方面,根据相关文献研究成果,主要包括危机事件、社会网络、政府政策的影响。

(一) 危机事件增强边界敏感性

大量研究证明旅游活动和旅行需求本身存在着敏感性,外部因素如恐怖主义、经济波动、自然灾害、传染病事件等都会明显冲击旅游动机、旅游行为和旅游供给。[①] 同时边境地区本身也具有政治敏感性,在旅游和边界的双重敏感性作用下,危机事件对旅游和边界的冲击被放大,进一步影响着旅游的边界效应。如 2009 年的流感病毒事件和全球经济危机事件,对英国来自 14 个客源市场的入境旅游需求都造成了不同程度的负面影响。[②] 危机事件增强了人们的感知风险,降低了人们的出行意愿,也促使游客改变旅行方式。[③] 此外,在危机事件发生后,地方政府采取增强安全防护与安全检查的措施也进一步影响着边界效应。例如,"9·11"事件发生后,美加、美墨边境的安全措施得以加强,人们认为过境程序变得更加复杂,需要更长的、甚至不可预测的通关等待时间,这对边境的跨境流动产生了消极影响,一日游大幅下降;[④]同时,研

① J.R.Ritchie,C.Mario,A.Molinar,et al.,"Impacts of the World Recession and Economic Crisis on Tourism:North America",*Journal of Travel Research*,Vol.49,No.1,2010,pp.5-15.

② S.J.Page,H.Song,D.C.Wu,et al.,"Assessing the Impacts of the Global Economic Crisis and Swine Flu on Inbound Tourism Demand in the United Kingdom",*Journal of Travel Research*,Vol.51,No.2,2012,pp.142-153.

③ P.Torabian,H.Mair,"Reconstructing the Canadian Border:Anti-mobilities and Tourism",*Tourist Studies*,Vol.17,No.1,2017,pp.17-35.

④ J.Berdell,A.Ghoshal,"US-Mexico Border Tourism and Day Trips:an Aberration in Globalization?",*Latin American Economic Review*,Vol.24,No.1,2015,pp.1-18.

究发现危机事件对不同国家背景的游客也存在差异性的影响,对美国游客的影响大于对加拿大游客的影响,①美国游客相较于墨西哥游客更容易出现强烈的抵触情绪,甚至存在集体抗议安全措施的现象。②

(二) 社会网络削弱边界距离感

已有的研究证明社会网络和商业网络对贸易边界效应存在不同程度的影响,社会网络和商业网络将减少甚至消除边界效应。Combes 等通过建立不同的引力模型,验证了社会和商业网络促进了法国 94 个区域(部门)之间的商品贸易,特别是这种促进作用并不受距离和边界的影响,③Garmendia 等也发现贸易的边界效应在面对区域内更高密度的社交和商业网络时将消失。④ 在此基础上,一些学者开始讨论在服务领域,边界效应是否还会受到社会网络的影响。Mata 和 Llano 证明了西班牙旅游业发展存在着内部边界效应,游客行为存在显著的社会网络依赖倾向,即旅游消费者倾向于消费与他们具有密切联系地区的服务,包括移民地、第二家园等,社交网络的存在可以减少距离和边界带来的阻碍,且在不同旅游行业部门中,社会网络对边界效应的削弱作用存在差异,具体表现为对餐饮行业的影响大于对住宿行业的影响。⑤

(三) 政府政策增强边界重要性

政府在旅游的边界效应中发挥着不可忽视的作用,特别是对于国家边界

① S.L.Bradbury, "The Impact of Security on Travelers Across the Canada-US Border", *Journal of Transport Geography*, Vol.26, 2013, pp.139-146.

② M.H.Marchand, "Crossing Borders in North America after 9/11: 'Regular' Travellers' Narratives of Securitisations and Contestations", *Third World Quarterly*, Vol.38, No.6, 2017, pp.1232-1248.

③ P.Combes, M.Lafourcade, T.Mayer, et al., "The Trade Creating Effects of Business and Social Networks: Evidence from France", *Journal of International Economics*, Vol.66, No.1, 2005, pp.1-29.

④ A.Garmendia, C.Llano, A.Minondo, et al., "Networks and the Disappearance of the Intranational Home Bias", *Economics Letters*, Vol.116, No.2, 2012, pp.178-182.

⑤ T.D.T.La mata, "Does Trade Creation by Social and Business Networks Hold in Services", *Applied Economics*, Vol.46, No.13, 2014, pp.1509-1525.

而言,政府间关系发展与政策合作影响着旅游者和旅游投资者对边界的认知态度,也将影响着边界效应,具体包括签证制度的变化、合作协议及汇率变化、共同投资基础设施等。第一,许多研究已证明,免签证计划可以增加旅游流量,①而实施签证制度则对旅游流有着显著负面影响;②第二,国际经济制裁可能引起汇率变化,进而对边界效应产生影响,如2014年西方国家对俄罗斯实施经济制裁后,俄罗斯卢布对欧元贬值,影响了俄罗斯游客在芬兰的旅游需求,特别是俄罗斯边境地区的游客对汇率变化极为敏感;③第三,政府决策建设基础设施也是影响边境旅游需求的重要因素,④如中巴经济走廊建设在改善交通基础设施,降低跨边界成本的同时,也直接或间接提升了居民对旅游开发的支持程度,降低了旅游边界效应的阻碍要素,增强了边界吸引要素、渗透要素和扩散力要素。⑤

第三节　边境旅游中边界效应的影响

一、边缘性影响

边缘性影响是指从边界与核心空间的关系出发,立足于核心—边缘理论、双重边缘性(double peripherality)等理论,解释边界效应产生影响的原因(见

---

① B.Reilly, T.G.Tekleselassie, "The Role of United States Visa Waiver Program on Cross-border Travel", *Applied Economics Letters*, Vol.25, No.2, 2018, pp.1-5.

② A.Stoffelen, D.Vanneste, "Tourism and Cross-border Regional Development: Insights in European Contexts", *European Planning Studies*, Vol.25, No.6, 2017, pp.1013-1033.

③ M.Falk, M.J.Vieru, "Impact of Rouble's Depreciation on Russian Overnight Stays in Finnish Regions and Cities", *Tourism Economics*, Vol.23, No.4, 2017, pp.854-866.

④ C.K.Chow, W.H.Tsui, "Cross-border Tourism: Case Study of Inbound Russian Visitor Arrivals to China", *International Journal of Tourism Research*, Vol.21, No.5, 2019, pp.693-711.

⑤ S.Nazneen, H.Xu, N.U.Din, "Cross-border Infrastructural Development and Residents' Perceived Tourism Impacts: A Case of China-Pakistan Economic Corridor", *Tourism Research*, Vol.21, No.3, 2019, pp.334-343.

图 3-3）。这一类观点是基于旅游的边缘地区与核心地区存在极大的空间不平衡,边缘旅游地与核心旅游地存在显著差异性。学者们的关注点逐渐从"核心旅游地是如何发生要素集聚的?"向"边缘型旅游地是如何发展的?"转变,①边缘旅游地包括城市边缘的乡村②、核心景区边缘的小微景区等。如北京市边缘区的乡村旅游地虽然位处城市的边缘,但由于其特色的资源条件、便利的旅游区位、旅游支持政策以及多元经济的产业背景,形成了多元旅游发展模式,但由于城市化和旅游经济逐渐由核心地区向边缘地区延伸,使边缘旅游地在保护和发展传统乡村旅游资源方面仍然存在多重挑战。③ 虽然边缘旅游地的概念是相对于核心而言的,边缘并不等同于边界,但国家边界地处偏远,本地经济增长动力不足,通常也属于边缘地区;而就行政边界而言,很多省际交界地区同时也是资源非优型的边缘旅游地,其旅游发展受到边界的影响,如豫皖交界处的安徽省霍邱县④、湘桂黔交界处的贵州岜沙苗寨⑤等的发展,都由于边缘性而产生了不利于地区发展的边界效应。

二、外部性影响

外部性影响是指从边界与邻近空间的关系出发,立足于溢出效应、区域一体化等理论,解释不同情境下边界效应产生影响的原因(见图 3-3)。这一类观点认为,由于地理邻近,旅游经济活动对相邻空间存在着显著的溢出效应,但由于区域边界差异,旅游中边界效应的外部性也存在差别,且在不同的阶段

---

① 黄薇薇、沈非:《边缘型旅游地研究综述及展望》,《人文地理》2015 年第 30 期。

② 王瑷:《城市边缘区乡村旅游地城市化进程研究——以成都三圣花乡为例》,《城市发展研究》2010 年第 17 期。

③ 李亚娟等:《大城市边缘区乡村旅游地旅游城市化进程研究——以北京市为例》,《中国人口·资源与环境》2013 年第 23 期。

④ 陈东、杨效忠:《资源非优型边界旅游发展研究——以安徽省霍邱县为例》,《经济问题探索》2008 年第 12 期。

⑤ 王子超、王子岚、贾勤:《"边界"效应下的乡村旅游产业发展模式研究——以贵州岜沙苗寨为例》,《中南财经政法大学学报》2017 年第 2 期。

有着不同的表现。基于国家边界进行的跨国合作产生正外部性,如湄公河地区的国际合作,推动达成基础设施建设、贸易、投资和旅游方面的协议,道路和桥梁的修建在实现区域经济发展的同时也刺激了旅游需求。① 对于行政边界而言,一方面,中国长期存在"行政区经济"现象,边界成为区域旅游一体化发展的限制,②但在打破"行政区经济"、加强区域一体化进程的初始阶段,却也出现了边界阻碍力增强的现象,如在北部湾区域旅游合作③、长江中游城市群旅游合作④等的初始阶段,要素流动过程中边界两边的差异被识别与激化,导致边界阻碍功能增强。另一方面,发展成熟、资源富集的旅游城市,通过渗透性的边界对邻近地区发生要素溢出,带动邻近地区旅游活动发展,进而产生有利于旅游区域一体化的边界效应。⑤

三、构建性影响

构建性影响是指从边界空间内部关系的角度出发,基于边界过程(bordering process)说、边界建构(border making)说等观点,解释边界效应产生影响的机制(见图3-3)。这一类观点认为旅游对边界存在的空间有着塑造作用,而同时边界也反作用于旅游活动、日常生活和社会发展,边界效应发生于边界所在空间的内部建构过程中。面对全球化下更为复杂的国家和地区关系,学者们的研究视角逐渐从边界线的静态性质转向边界过程的内在动力。一方面,边界两侧国家的政治关系、经济交流、文化差异,以及边境地区的社区

---

① L.Lebel, B.Lebel, "Road to Shared Prosperity: The Elaboration and Influence of a Trans-boundary Policy Narrative for Regional Economic Integration", *Asia Pacific Viewpoint*, Vol.60, No.3, 2019, pp.339−354.

② 秦学、刘君德:《"行政区经济"现象在中国旅游业中的表现及其负面影响》,《学术研究》2003年第12期。

③ 黄爱莲、魏小安:《省际区域入境旅游的边界效应——以北部湾为例》,《地理与地理信息科学》2011年第27期。

④ 梁滨、邓祖涛:《长江中游城市群旅游经济空间格局演化分析》,《经济问题》2015年第9期。

⑤ 李山、王铮:《旅游业区域溢出的可计算模型及案例》,《旅游学刊》2009年第24期。

居民态度、自然地理条件等众多因素为边境旅游活动的开展创造条件,但出于国家边界存在政治功能,安全稳定仍是边境地区发展的根本要求,这在一定程度上限制了旅游发展。① 另一方面,旅游活动使边境地区的流动性增强,强化了边境的敏感性,在一定程度上改变着边界的功能和性质,改造着边境地区的经济生产、文化生活、生态环境等。最终社会建构的边界与社会各要素不断交互,产生系列的边界效应,使边境空间发生持续的演变与重构。②

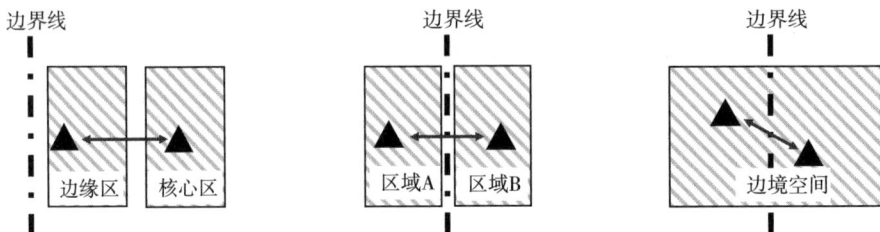

图 3-3　旅游中边界效应的三种解释

第四节　边境旅游中边界效应的测评

一、对边界效应的正负讨论

边界效应的互动机制是边界效应相关研究中讨论最悠久的话题,最初是对边界效应性质的讨论,以简单的优劣性质为主,即边界是否缓和或增强了国家间的紧张关系,能否促进经济、社会、文化要素的流动。③ 关于旅游中边界效应的作用,特别是在边境地区旅游如何促进和平交流方面,已经积累了大量文献,其基本观点是,边界为差异化的群体和个人创造接触的机会,有助于增

① 李飞:《跨境旅游合作区:探索中的边境旅游发展新模式》,《旅游科学》2013 年第 27 期。

② D. Newman, " Borders and Bordering: Towards an Interdisciplinary Dialogue ", *European Journal of Social Theory*, Vol.9, No.2, 2006, pp.171-186.

③ C.C.Coughlin, D.Novy, " Is the International Border Effect Larger than the Domestic Border Effect? Evidence from U.S.Trade", *CESifo Economic Studies*, Vol.59, No.2, 2009, pp.249-276.

强异质群体之间的互动理解，从而减少群体间的偏见和冲突。然而，一些研究也得出了不同的观点，认为旅游活动本身既不会导致边境地区异质群体减少偏见，也不会促进社会关系的改善，而只是为社会接触提供机会。如塞浦路斯由于历史原因形成土耳其族塞浦路斯人和希腊族塞浦路斯人的南北分立，由于长期以来相互接触较少，这个岛国形成了两种旅游发展模式和路径，但由于资源和旅游产品的限制，欧美游客对塞浦路斯旅游业的不满日益增加，于是两个族群开始结盟并将塞浦路斯作为一个单一的旅游目的地进行推广，双方在互惠互利的旅游合作中推动了和平进程。①

　　虽然单一边界通过开放或封闭可以成为旅游障碍或旅游通道，但事实上边界效应很难简单地用正效应和负效应来解释。一方面，边界具有复杂的多维度，边界线两端差异的存在使边界具有渗透性，因此边界的状态总是难以精准刻画。具体而言，手续费用、过境复杂程度、过境时间、边境交通可达性、边境的安全稳定程度等都可以表现边界的状态。另一方面，正效应和负效应是从不同的主体立场出发形成的主观判断，边界的封闭和开放、阻断和接触并非造成正效应或负效应的直接原因，如在国家安全受到威胁、边境风险提升等特殊情况下，禁止旅游活动的开展反而有利于维护地区稳定和保障旅游者安全。②

二、对边界效应的维度讨论

　　多维度边界之间的混乱是边界效应研究中一直存在的困扰，而这种困扰也延续到旅游边界效应的研究之中。常常存在这样的情况：地理边界与文化边界并非是理想状态下的融合，而是在边境区域内独立分离，但一些政治边界的设立忽略了地理边界和文化边界，从而形成多维边界的现象。多重边界不

---

　　①　S.F.Sonmez, Y.Apostolopoulos, "Conflict Resolution Through Tourism Cooperation? The Case of the Partitioned Island-State of Cyprus", *Journal of Travel & Tourism Marketing*, Vol.9, No.3, 2000, pp.35-48.

　　②　C.Johnson, R.Jones, A.Paasi, et al., "Interventions on Rethinking 'the Border' in Border Studies", *Political Geography*, Vol.30, No.2, 2011, pp.61-69.

一致的现象既成为研究的难题,同时也引发了新的探讨,如 Hartshorne 以边界设立在社会人口和文化特征建立时间之前、之中、之后为依据,先后定义了先成边界(previous frontiers)、后成边界(subsequent frontiers),以及叠加边界(superimposed frontiers),用来体现边界和社会的发展过程和相互关系。[①]

此外,旅游研究中边界效应的互动过程也尚未形成定论,多重边界的复杂性也使边界效应的互动机制存在不同的类型。如 Raffestin 从影响范围的角度将边界效应划分为直接效应、间接效应和诱导效应,直接效应表示边界直接导致了边境地区与其他地区的不同,间接效应表示相邻国家对边境地区存在一定的影响,诱导效应表示边界对边境地区的社会经济有着广泛影响。[②] Timothy 在 Martinez 四阶段分类的基础上结合跨境旅游合作的特点,形成疏远型(alienation)、共生型(coexistence)、配合型(cooperation)、合作型(collaboration)、整合型(integration)五种类型。[③] Ratti 认为边界效应存在屏蔽效应、中介效应和过滤效应,并认为这三种效应往往同时存在,一些学者将边界效应简化为屏蔽效应和中介效应,这一分类被国内学者广泛应用于旅游研究领域,认为屏蔽效应阻碍了旅游活动,而中介效应通过有效接触实现相互作用,促进了旅游活动。[④]

三、边界效应的测度方法

当前对旅游研究中边界效应的测度方法多是借鉴经济贸易领域的边界效应测度方法。贸易的边界效应在国内外已有大量的实证研究,测度方法不断

---

① R.Hartshorne,"Geographic and Political Boundaries in Upper Silesia",*Annals of The Association of American Geographers*,Vol.23,No.4,1933,pp.195-228.

② R.J.Ferguson,C.Raffestin,"Elements for a Theory of the Frontier",*Diogenes*,Vol.34,No.134,1986,pp.1-18.

③ D.J.Timothy,"Cross-border Partnership in Tourism Resource Management:International Parks along the US-Canada Border",*Journal of Sustainable Tourism*,Vol.7,No.4,1999,pp.182-205.

④ 汤建中、张兵、陈瑛:《边界效应与跨国界经济合作的地域模式——以东亚地区为例》,《人文地理》2002 年第 1 期。

推进,在边界效应的测度方法中,使用引力模型最为广泛。但一些学者在测度方法的研究中,发现已有测度方法存在着不同距离测量误差[①]、遗漏变量偏差[②]、将跨省贸易与跨国贸易比较偏差[③]等问题,可能夸大或低估边界效应,因此不断开发新的距离测量方法以提升边界效应测度的精确性,包括采用分位数回归[④]、社会网络分析法[⑤]、双重差分模型[⑥]等,对传统的边界效应测度进行补充,提升了边界效应测度方法的科学性。

然而,与经济贸易领域逐渐多样化的测度方法相比,旅游领域中边界效应的测度方法较为单一,且研究成果总量有限。当前对旅游的边界效应测度以引力模型为主,少数研究采用趋同分析、社会网络分析等方法。如靳诚和陆玉麒从趋同分析的角度,运用 Barro 回归方程对长江三角洲各省旅游合作的边界效应分析,发现了不同省份之间边界效应的程度差异及演变趋势,从边界效应的角度解释了上海与江苏、上海与浙江的边界效应持续增强的现象。[⑦] 社会网络分析法应用于旅游边界效应的研究中也是一种方法创新,相较于传统引力模型,更能清晰地发现多个目的地之间的相互关系,通过测度边界对目的

---

①　J.F.Helliwell,G.Verdier,"Measuring Internal Trade Distances:a New Method Applied to Estimate Provincial Border Effects in Canada", *Canadian Journal of Economics*, Vol.34, No.4, 2001, pp. 1024-1041.

②　J.E.Anderson,E.Van Wincoop,"Gravity with Gravitas:A solution to the Border Puzzle",The American Economic Review, Vol.93, No.1, 2003, pp.170-192.

③　R.C.Feenstra,"Border Effects and the Gravity Equation:Consistent Methods for Estimation", Scottish Journal of Political Economy, Vol.49, No.5, 2002, pp.491-506.

④　F.Borraz,A.Cavallo,R.Rigobon,et al.,"Distance and Political boundaries:Estimating Border Effects Under Inequality Constraints", *International Journal of Finance & Economics*, Vol.21, No.1, 2016, pp.3-35.

⑤　T.D.L.Mata,C.Llano,"Social Networks and Trade of Services:Modelling Interregional Flows with Spatial and Network Autocorrelation Effects", *Journal of Geographical Systems*, Vol.15, No.3, 2013, pp.319-367.

⑥　J.Alm,A.Enami,"Do Government Subsidies to Low-income Individuals Affect Interstate Migration? Evidence from the Massachusetts Health Care Reform", *Regional Science and Urban Economics*, Vol.66, 2017, pp.119-131.

⑦　靳诚、陆玉麒:《区域旅游一体化进程中边界效应的定量化研究——以长江三角洲地区入境旅游为例》,《旅游学刊》2008 年第 10 期。

地客流网络影响的性质、方向和程度,[①]可以发现跨界旅游区是否存在不利于跨界旅游合作的边界效应,有助于根据联系情况探讨未来跨区域旅游合作的新方向。[②]

(一) 重力模型

经济学视角下边界效应测度主要集中在两大方面:一是从市场分割角度衡量经济单元间的贸易流量;二是从产业角度衡量国家间的贸易阻碍作用。[③]其中重力模型的应用是重要起点。Tinbergen(1962)首次将重力模型引入国际贸易研究,成为边界效应测度的重要理论基础。[④] 在此基础上,Anderson(1979)建立了一个替代弹性不变的效应函数,成为边界效应测度的标准范式。[⑤] 之后,学者进行了相关实证研究。例如,McCallum(1995)研究得出加拿大国内贸易量比其与美国的跨境贸易量大 22 倍;Wei(1996)研究得出 OECD 国家消费的本地商品大约是从其他 OECD 国家进口商品的 2.5 倍;Nitsh(2000)研究得出每个成员国的国内贸易量大约是其和欧盟其他成员国国际贸易量的 10 倍。学者们得出基本一致的观点:国内贸易量大于国际贸易量。随着研究的不断深化,学者对重力模型进行了一定程度的引申。例如,李郇等(2006)将重力模型与 Barro 回归方程结合起来,测度了行政省际间的边界效应。王振波等(2008)将重力模型与 Barro 回归方程结合起来,测度了 1995—

① H.Peng,J.Zhang,Z.Liu,et al.,"Network Analysis of Tourist Flows:a Cross-provincial Boundary Perspective",*Tourism Geographies*,2016,pp.1-26.

② 张凯、杨效忠、张文静:《跨界旅游区旅游经济联系度及其网络特征——以环太湖地区为例》,《人文地理》2013 年第 28 期。

③ 杨荣海、李亚波:《边界效应会制约中国跨境经济合作区建设吗——以中越、中老和中缅的数据为例》,《国际经贸探索》2014 年第 30 期。

④ J.Tinbergen,Shaping the World Economy:an Analysis of World Trade Flows,New York:Twentieth Century Fund,1962.

⑤ J.E.Anderson,"A Theoretical Foundation for the Gravity Equation",*American Economic Reviews*,1979,pp.106-116.

2005 年淮海经济区的边界效应。学者运用重力模型对边界效应进行测度时，由于重力模型在不断演化，测度的结果也有所差别。

（二）趋同分析

趋同分析是边界效应测度应用比较少的一种方法。趋同分析是直接计算跨省贸易流动来进行边界效应测度，主要依据外省的消费对本地消费的代替，并对地理位置、相对价格和生产力水平等因素进行调整，来对跨省贸易进行相应比较。[①] 其实，趋同分析是从经济增长的视角，去研究区域经济一体化问题，进而对其边界效应进行相应测度。测度的理论前提是落后地区的经济发展能够追上发达地区。有关趋同分析测度边界效应的研究积累了一定成果，其中以李郇等学者比较具有代表性。李郇等（2006）对江苏与浙江、上海与江苏、上海与浙江的边界效应进行了实证分析，得出长江三角洲各城市之间存在一体化趋势，但是也存在边界效应。

（三）社会网络法

社会网络法源于 20 世纪 50 至 60 年代的社会网络理论，并最终由社会学领域逐渐演化到经济学、管理学和地理学等相关领域。纵观学者研究，社会网络法的应用主要集中在两大层面：一是运用社会网络分析技术对区域内旅游要素进行分析；二是以社会网络分析中的"关系"为研究基点，探讨"关系"所构成网络的形成、演化与旅游目的地发展的内在联系。[②] 社会网络法引入边界效应测度研究，丰富了边界效应测度的方法。杨效忠等（2010）运用社会网络法对大别山天堂寨跨界旅游区进行边界效应测度。其实，社会网络法测度

---

① 李郇、徐现祥：《边界效应的测定方法及其在长江三角洲的应用》，《地理研究》2006 年第 25 期。

② 杨效忠、张捷、叶舒娟：《基于社会网络的跨界旅游区边界效应测度及转化》，《地理科学》2010 年第 30 期。

边界效应并没有统一的规范,杨效忠等是在构建整体边界效应和节点边界效应量化指标的基础之上进行的。

第五节　边境旅游中边界效应的应用

虽然边界效应在旅游研究中的应用较少,但边界效应广泛存在于现实旅游发展与旅游实践中。在边界效应阻碍力、吸引力、渗透力、扩散力的综合效用作用下,旅游流、旅游地,甚至是国家都受到深远影响,如出现了新兴旅游业态,促进了区域综合发展、推进了跨境交流合作。

一、出现新兴旅游业态

在边界对旅游的阻碍力、吸引力作用下,新的旅游模式和旅游业态兴起,最直接的表现就是跨境旅游目的地的形成。跨境旅游目的地具有空间完整性、文化同源性和资源共生性的特点,可以充分发挥边界效应中边界对旅游的吸引力,然而,边界造成的分隔与差异却始终是跨境旅游目的地协调发展的挑战。

在此基础上,一些新的旅游业态出现,以边境地区的自然资源为基础,国际和平公园成为保护跨界自然资源、纪念或促进国家间和平关系的重要模式;[1]依托边境的线性景观分布,跨境通道具有一定的开放性和包容性,作为长期旅游项目发挥着持续的吸引力,可以在沿线社区、旅游系统和更广泛的经济发展之间建立紧密联系。[2] 此外,基于边界两侧的价格差异和边界渗透性增强的态势,新的旅游业态诞生。例如,欧洲出现了跨越国际边界的"卫生服务区",患者为寻求便捷、低成本优势而跨境获取医疗服务,在医院与政府的

---

① 田里、吴信值、王桀:《国外跨境旅游合作研究进展与启示》,《旅游学刊》2018 年第 33 期。

② A.Stoffelen, "Tourism Trails as Tools for Cross-border Integration: A Best Practice Case Study of the Vennbahn Cycling Route", *Annals of Tourism Research*, 2018, pp.91–102.

合作下,医疗旅游者、卫生服务工作者的跨境流动成为边境地区的常态。① 再如,在荷兰、美国等地消费税、燃油价格上涨的背景下,边界两侧燃油价格差异扩大,为寻求更低的价格,出现了越来越多的消费者跨境消费,导致燃油旅游兴起,带动了边境地区的旅游业发展。②

二、促进区域综合发展

在边界对旅游的阻碍力、吸引力、渗透力的综合利用下,发展旅游业可以促进边境地区的经济增长与社会进步。在美墨边境地区,政府采取措施降低入境游客旅游成本,促使旅游活动大量兴起,进而带动了边境贸易,特别是个体旅游者的旅游消费更刺激了边境地区的商品经济发展,使美国得克萨斯州、亚利桑那州及墨西哥相关边境地区的经济出现强势发展。③

此外,边境旅游的经济影响并不局限于贸易增长,边境地区旅游服务企业和服务提供者的营销决策受到旅游消费行为的引导,对跨境旅游消费者行为的分析和预测成为边境旅游服务市场竞争的关键。然而,发展过程中也出现了一些不平衡、不可持续的问题,利用旅游中的边界效应,可以创造收入、就业,促进地区经济联系与发展,但一些地区存在着收益分配不均的情况,如收益在当地居民和外来投资者之间、在边界两侧地区之间的不均衡分配,成为边境地区内部矛盾的核心,一些忽视边境本地居民的参与作用和忽视合作双方的责任能力的现象,成为边境地区持续健康发展急需解决的问题。④ 边境地

---

① J. Connell, "Reducing the Scale? From Global Images to Border Crossings in Medical Tourism", Global Networks, Vol.16, No.4, 2016, pp.531-550.

② S.Banfi, M.Filippini, L.C.Hunt, et al., "Fuel Tourism in Border Regions: The Case of Switzerland", Energy Economics, Vol.27, No.5, 2005, pp.689-707.

③ S.Aradhyula, R.Tronstad, "Does Tourism Promote Cross-border Trade?", American Journal of Agricultural Economics, Vol.85, No.3, 2003, pp.569-579.

④ M.P.Hampton, "Enclaves and Ethnic Ties: The Local Impacts of Singaporean Cross-border Tourism in Malaysia and Indonesia", Singapore Journal of Tropical Geography, Vol.31, No.1, 2010, pp.239-253.

区发挥好旅游中的边界效应需要立足长远,更多地鼓励本地居民的参与,有效和持续地推进政府间跨境合作。

三、推进跨境交流合作

在边界对旅游的吸引力、渗透力、扩散力的综合利用下,为适应区域一体化、国家交流合作的要求,随着边界功能的变化,边界效应也发生转化。

一方面,以边界效应为基础,两侧国家或地区可以开展旅游合作,谋求共同发展。边界两侧国家通过建立旅游合作关系,促进了和平进程,边境地区活跃的旅游流带动资金、货物、贸易的流动,使边界的渗透性进一步加强。[1] 同时,依托于边界创造的接触空间,旅游活动有助于促进民间交流的活跃,进而增进差异群体之间的理解,缓解人们的紧张、敏感和抵触情绪,同时有助于减轻紧张政治局势,促进国际和平稳定。[2]

另一方面,以边界效应为基础,边界两侧国家或地区可以寻找进一步推进跨境合作的方向。从旅游的边界效应的测度中,以当前区域间发展联系为基础,可以探索未来区域的合作路径,如云南和四川边界的泸沽湖旅游区,省界对两侧客流产生的屏蔽效应存在差异,而根据社会网络中的节点特征,泸沽湖地区旅游流网络存在中介效应的节点可以作为未来区域合作的方向。

---

[1] S.Sonmez, Y.Apostolopoulos, "Conflict Resolution through Tourism Cooperation? The Case of the Partitioned Island-State of Cyprus", *Journal of Travel & Tourism Marketing*, Vol.9, No.3, 2000, pp. 35-48.

[2] C.Chen, "Role of Tourism in Connecting Taiwan and China: Assessing Tourists' Perceptions of the Kinmen-Xiamen Links", *Tourism Management*, Vol.31, No.3, 2010, pp.421-424.

第四章　中国边境旅游发展
不平衡现状分析

边境旅游发展不平衡是指陆路边境一定区域内旅游发展的非均衡状态，主要表现为发展水平的不平衡、空间结构的不平衡和治理手段的不平衡等。从严格意义上来说，边境旅游发展不平衡是对边境地区旅游发展状态的描述。边境旅游发展不平衡的具体特征包括：形成边境旅游地的显著差异，造成地区的不平衡发展，成为跨境民族文化交流的障碍等。中国边境旅游发展不平衡的具体表现：中国的东北、西北和西南三大边境旅游片区发展不平衡，形成旅游空间分异；发展不平衡的主要原因包括空间失调、经济失衡、文化差异、政治差异。因此，发展边境旅游，要充分考虑邻国经济特点、本地经济基础的差异化特征，制定差异化发展策略。

第一节　现状分析

一、研究背景

（一）边境发展与"一带一路"建设紧密关联

由于中国拥有世界最长的陆路边境线、立体多样的边境风貌，以及与14

个相邻国家有着多元化外交关系,中国边境地区的旅游发展以及口岸城市的经济建设等问题受到学术界的关注。特别是"一带一路"倡议的提出,标志着中国对外合作已经迈入新时代,中国与周边邻国的区域经济联系不断深化,对外开放步伐逐渐加快。边境旅游作为发展口岸经济,强化次区域合作及促进民间文化交流的重要手段,已经成为"一带一路"建设重点关注的内容之一。纵使如此,中国广袤的陆路边境地区的旅游经济仍然面临发展不均衡、不充分、不稳定等问题。

(二) 曾经的"边缘"地带向"核心"地区演化

中国有 45 个边境地级行政区、136 个边境县、79 个边境口岸,但大部分边境县都是"老少边穷地区",也是多种少数民族的跨境聚居地,共有 30 多个民族跨境而居。这些边境地区的发展存在着共同特征:基础设施落后、生产效率低下、经济基础薄弱、资本进入困难,最终导致沿边地带与内陆核心区发展脱节。但随着全球化进程及中国沿边地区开发开放政策的推进,近几年边境地区的发展逐渐受到重视,当前沿边经济带与内陆核心区的协同发展也在不断深化,一些边境口岸城市的旅游经济发展迅速,正在从曾经的"边缘"地带演化为"边缘""核心"地区,例如,云南瑞丽、新疆霍尔果斯、内蒙古满洲里等已经发展成为著名的边境旅游城市,成为沿边经济带上的"明珠"。然而,受地区资源限制、区域经济差异、双边政策波动等的影响,中国不同边境行政区域的旅游经济发展极不平衡。这种不平衡的程度有多大? 究竟是什么原因造成了这种不平衡? 无论是现实层面还是理论层面,这些问题都需要探讨和回答。

(三) 对边境地区发展不平衡问题探讨不足

在对边境地区相关问题的研究中,以经济地理、社会学、旅游学为主要学科背景的研究者从不同层面展开了讨论。研究者关注的第一个焦点是地区空间关系及空间格局演变问题,经济地理研究者较为关注边境地区经济空间差异、竞争与合作格局、边界空间演变等方面；社会学研究者对国家间、地区间和民族间的非均衡状态更为关注；而边境地区旅游强度差异①、边境旅游资源差异②、旅游发展水平差异③、边境旅游空间系统类型④等成为旅游学者关注的重点。学术界关注的第二个焦点是边境旅游的经济影响和发展模式问题，经济地理研究者从地缘经济、边界效应等视角来研究边境地区经济发展的独特性及边境经济发展相关要素的影响关系，社会政治学研究者从边境安全⑤、地缘政治⑥等角度出发，对边境治理⑦、边境社区等方面展开研究，旅游研究者则从边境旅游者动机、边境旅游吸引物和边境旅游活动等方面出发，主要研究边境旅游的影响因素、类型和模式。综合前人研究成果可以发现，研究者们对边境地区发展不平衡问题的探讨存在不足，对边境旅游发展空间分异特征及影响因素的研究较少关注。然而，这一问题的研究，对沿边地区边境政策的制定具有重要意义。

二、发展现状

（一）三条沿边经济带

按照空间格局、地域特征及政策导向，中国边境地区沿边经济带呈现出三

---

① 穆学青、郭向阳、明庆忠：《边境地区旅游强度时空演化特征分析》，《经济地理》2019 年第 39 期。

② 钟林生等：《中国陆地边境县域旅游资源特征评价及其开发策略》，《资源科学》2014 年第 36 期。

③ 张生瑞等：《中国陆地边境旅游发展区域差异及其影响因素》，《地理研究》2020 年第 39 期。

④ 王桀、田里、吴信值：《边境旅游系统空间结构与集散模式研究》，《资源开发与市场》2018 年第 34 期。

⑤ R.G.Blanton，C.Apodaca，"Economic Globalization and Violent Civil Conflict：Is Openness a Pathway to Peace？" *Social Science Journal*，Vol.44，No.4，2007，pp.599-619.

⑥ M.Anderson，"The Political Problems of Frontier Regions"，*West European Politics*，Vol.5，No.4，1982，pp.1-17.

⑦ A.Stoffelen，D.Ioannides，D.Vanneste，et al.，"Obstacles to Achieving Cross-border Tourism Governance：A multi-scalar Approach Focusing on the German-Czech Borderlands"，*Annals of Tourism Research*，2017，pp.126-138.

条带状分布:东北沿边经济带、西北沿边经济带和西南沿边经济带(见表4-1)。在空间分布上呈东北、西北、西南三极格局,逐步形成面向"一带一路"建设的三大主体功能区。三大主体功能区向外辐射,形成五大地缘经济区域,即中东欧、中亚及蒙古、西亚北非、东南亚、南亚。东南亚地缘经济区域位于"海上丝绸之路"和"陆上丝绸之路"交叉地带,是中国走向南亚和欧洲的关键节点。南亚是开展"一带一路"合作的重要区域,同时位于"一带一路"合作的最前沿。西亚北非位于"海上丝绸之路"的重要节点,同时也是开展海上能源贸易的重要中心。中东欧是陆上丝绸之路的终点,也是"一带一路"重要的贸易中心和物资集散地。中亚及蒙古是中国通过陆路连通欧洲的必经之地,是陆上丝绸之路的商业咽喉,也是中国从陆地连通欧洲的关键区域。虽然《共建"一带一路":愿景与行动》清晰展现了中国面向"一带一路"沿线国家的开放态势,但是,边境线作为中国与相邻国家主权和领土的分割线,像一堵巨大的屏障,对旅游经济区域一体化及"一带一路"建设产生着重要影响。因此,探索中国不同边境经济带旅游经济发展的总体趋势、地区差异,及分布特征的时空跃迁有助于解释中国边境地区的旅游经济发展不平衡的程度问题。

表4-1 中国三条沿边经济带

边境区域	东北沿边经济带	西北沿边经济带	西南沿边经济带
人口(万人)	3207.68	1711.59	2717.38
边境地级行政区(个)	19	11	15
地区面积(万平方公里)	135.5485	137.5926	80.7737
2018年GDP(亿元)	17948.65	7770.85	10611.41
边境省份	黑龙江、吉林、辽宁、内蒙古	新疆、甘肃	广西、云南、西藏
相邻国家	朝鲜、俄罗斯、蒙古	哈萨克斯坦、吉尔吉斯斯坦、塔吉克斯坦、阿富汗、巴基斯坦	印度、尼泊尔、不丹、缅甸、老挝、越南

续表

边境区域	东北沿边经济带	西北沿边经济带	西南沿边经济带
"一带一路"的建设构想	向北开放的重要窗口	丝绸之路经济带核心区	广西作为与东盟国家的国际通道,云南作为面向南亚东南亚的辐射中心

(二)三大边境旅游区

从地域空间划分,中国边境旅游可分为三大片区:东北边境旅游区、西北边境旅游区和西南边境旅游区。东北边境旅游区包括辽宁、吉林、黑龙江、内蒙古四省区的 19 个地级行政区。西北边境旅游区包括甘肃、新疆两个省区的 11 个地级行政区。新疆与中亚三国(哈萨克斯坦、吉尔吉斯斯坦和塔吉克斯坦)的边境旅游得益于政局稳定、边贸繁荣、交通便利(第二亚欧大陆桥、第三亚欧大陆桥均通过新疆边境的阿拉山口进入哈萨克斯坦并通向欧洲)和文化互通等因素而发展较好,其中又以中哈两国互动交流更为明显。西南边境旅游区包括云南、广西、西藏三个省区的 15 个地级行政区。

第二节 研究设计

一、指标选取

在明确中国边境旅游发展存在空间非均衡状态,并认识到空间非均衡格局变化的基础上,需要进一步探索空间非均衡的形成原因及边境旅游发展的驱动因素。根据已有文献①,按照邻国经济驱动要素、本地经济驱动要素和边

---

① J.Cidell,"Concentration and Decentralization:The New Geography of Freight Distribution in US Metropolitan Areas",*Journal of Transport Geography*,Vol.18,No.3,2010,pp.363-371.

境旅游经济发展水平构建指标体系。选择邻国经济水平、邻国政治稳定、对外通道数量、对外贸易沟通四个指标来表现邻国经济驱动要素;选择地区经济水平、地区政策优惠、对内通达程度、旅游资源优势来表现本地经济驱动要素。

熵值权重。在对数据进行 min-max 功效函数与非负化处理的基础上,运用熵值法确定邻国经济驱动要素、本地经济驱动要素和边境旅游经济发展水平的综合权重。公式如下:

$$x_i^{'} = \frac{x_i - min\{x_i\}}{max\{x_i\} - min\{x_i\}}(具有正功效) \tag{1}$$

$$x_i^{'} = \frac{max\{x_i\} - x_i}{max\{x_i\} - min\{x_i\}}(具有负功效) \tag{2}$$

公式(1)、(2)为数据标准化函数,进一步通过熵值法计算指标的综合权重,公式如下:

$$P_{ij} = \frac{x_{ij}}{\sum_{i=1}^{m} x_{ij}} \tag{3}$$

$$E_j = -\frac{1}{\ln m} \sum_{i=1}^{m} P_{ij} \ln P_{ij} \tag{4}$$

$$q_j = 1 - E_j \tag{5}$$

$$W_j = \frac{q_j}{\sum_{j=1}^{n} q_j} \tag{6}$$

$$Z_i = W_j \times x_{ij} \tag{7}$$

根据熵值法计算指标权重和标准化数值,计算第 i 个地区的邻国经济驱动要素、本地经济驱动要素和边境旅游经济发展水平,可以发现邻国经济驱动要素中指标权重最大的是对外通道数量、对外贸易沟通和邻国经济水平,最后是邻国政治稳定;本地经济驱动要素中指标权重最大的是地区政策优惠,其次是地区经济水平和旅游资源优势,最后是对内通达程度。

表4-2　边境旅游发展综合指标及权重

一级指标	二级指标	具体指标	熵值权重
邻国经济驱动要素	邻国经济水平	邻国人均GDP	0.229
	邻国政治稳定	邻国世界治理指数	0.069
	对外通道数量	口岸数量	0.410
	对外贸易沟通	进出口贸易额	0.292
本地经济驱动要素	地区经济水平	地区人均GDP	0.133
	地区政策优惠	开发区综合评价	0.577
	对内通达程度	口岸与交通节点距离	0.052
	旅游资源优势	A级景区综合评分	0.238
边境旅游经济发展水平	边境地区旅游规模	边境旅游人次	0.499
	边境地区旅游贡献	边境旅游收入	0.501

二、数据来源

选取2009—2018年的中国45个边境地级行政区及14个邻国的面板数据作为研究基础。中国45个边境地级行政区的边境旅游人次及收入、进出口贸易额、人均GDP等数据来源于各地区的《国民经济和社会发展统计公报》，口岸数量来源于《中国口岸年鉴》，对内通达程度采用边境口岸距离最近机场、铁路、公路的距离综合测算获得，地区优惠政策由各地区的各类开发区数量综合计算获得，旅游资源优势由各地区的A级景区综合计算获得。14个邻国的世界治理指数、人均GDP均来自世界银行数据库。

三、分析方法

（一）空间分异分析

本研究以"一带一路"倡议提出前后，即2009—2018年间为研究时段，将中国9个陆路边境省区的45个边境地级行政区作为研究样本，对中国边境旅游经济的空间演化及其影响因素展开研究。按照"综合发展与地区分异——

空间关联与时空跃迁——影响因素与驱动差异"的思路,进行研究设计。首先,以2009—2018年边境旅游综合发展水平为基础分析中国边境旅游发展的总体趋势、地区分异;其次,加入空间权重矩阵,对45个边境地级行政区边境旅游的空间分布及跃迁进行研究,分析中国边境旅游发展的空间相关性;最后,在此基础上,构建边境地区邻国经济驱动要素、本地经济驱动要素的指标体系,运用空间计量模型,分析中国边境旅游空间分异的驱动因素,并进一步分析不同地区的驱动差异。本研究力求揭示中国边境旅游空间分异及演化特征,厘清造成分异的主要原因,并为不同地区的边境旅游发展明确方向。

(二) 驱动因素分析

为进一步讨论中国边境旅游经济驱动的影响因素,构建公式(8)来体现邻国经济驱动要素与本地经济驱动要素对边境旅游经济的影响关系。其中,BT_{it} 表示边境地区旅游经济综合水平, I_{it} 表示本地经济驱动要素综合评价, O_{it} 表示邻国经济驱动要素综合评价, ε_{it} 为其他干扰项。

$$BT_{it} = \alpha_0 + \alpha_1 I_{it} + \alpha_1 O_{it} + \varepsilon_{it} \qquad (8)$$

经过 Hausman 检验($Prob > chi2 = 0.0000$),选择固定效应(FE)模型进行估计。考虑到中国边境地区的旅游经济发展存在一定的空间相关性,进一步进行 LM 检验(见表4-3)结果,结果表示,空间自相关模型(SAR)和空间误差模型(SEM)的检验结果都比较好,表明中国边境旅游经济水平确实存在空间相关性,且需要进一步验证空间杜宾模型(SDM)的合理性。

表4-3 LM 检验

	统计量	P 值
LM test no spatial lag	67. 1691	0. 000
Robust LM test no spatial lag	13. 2252	0. 000
LM test no spatial error	54. 2746	0. 000
Robust LM test no spatial error	0. 3307	0. 565

表 4-4　LR 检验和 Wald 检验

	统计量	P 值
Wald_spatial_lag	13.2806	0.0013
LR_spatial_lag	13.0851	0.0014
Wald_spatial_error	8.9502	0.0114
LR_spatial_error	8.8636	0.0119

综合考虑 LR 检验和 Wald 检验结果(见表 4-4),最终选择双重固定效应的空间杜宾模型(SDM),即需要同时考虑边境旅游经济发展水平、本地经济驱动因素、邻国经济驱动因素的空间效应,将公式(8)加入空间权重矩阵 w_{ij}:

$$BT_{it} = \alpha_1 I_{it} + \alpha_1 O_{it} + \rho \sum_{j=1}^{n} w_{ij} BT_{it} + \beta_1 \sum_{j=1}^{n} w_{ij} I_{it} + \beta_2 \sum_{j=1}^{n} w_{ij} O_{it} + \varepsilon_{it} \quad (9)$$

第三节　数据分析

一、经济非均衡发展

(一) 边境地区旅游发展总体增长迅速

以中国 9 个陆路边境省区的 45 个边境地级行政区作为研究样本,由 45 个边境地级行政区的旅游经济收入和旅游人次表示边境地区的旅游发展水平。边境旅游发展趋势(见图 4-1)表明,2009—2018 年的十年间中国边境旅游增长迅速,全国边境旅游收入增长了 791.98%,边境旅游人次增长了 420.87%。"一带一路"建设促进了边境旅游发展,2013 年"一带一路"倡议的提出与实施,为边境旅游的发展创造了稳定而良好的环境;而随着 2015 年《国务院关于支持沿边重点地区开发开放若干政策措施的意见》(国发〔2015〕72号)的提出,众多边境地区出台了支持边境口岸发展的优惠政策,如"跨境旅游合作区"和"边境旅游试验区"的建设,边境地区对外开放水平全面提升,边境旅游的增长速度加快。

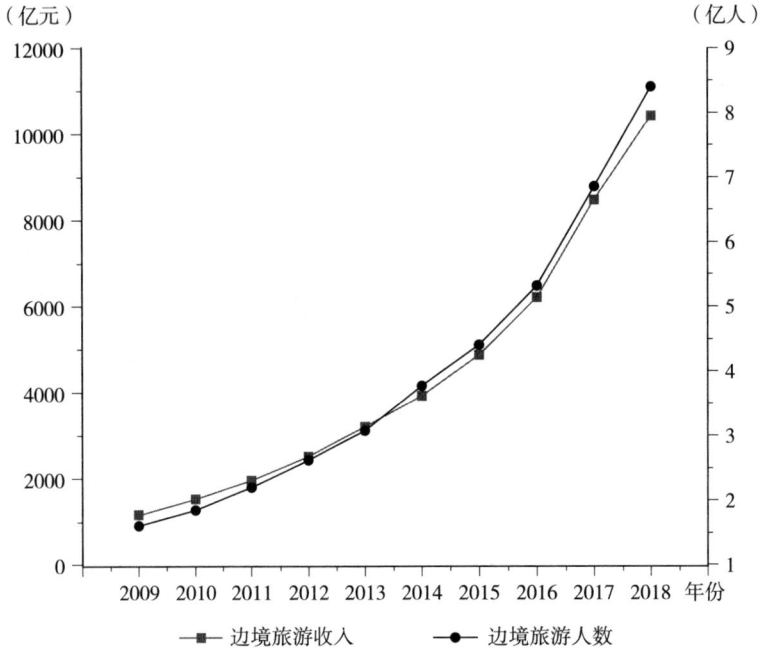

图 4-1 2009—2018 年中国边境旅游发展趋势

(二) 边境旅游发展地区分异明显

进一步探究中国边境旅游地区分异趋势,将中国边境地级行政区所形成的沿边经济带,以独立单元测算边境旅游经济水平,按照最高、较高、中等、较低、最低五个等级划分,以区分中国边境旅游地分异现状(见表 4-5,图 4-2)。整体来看,2009—2018 年,中国边境旅游经济空间分异趋势明显,表现为东北边境先扬后抑,西北边境持续增强,西南边境出现分化态势,即西部的西藏地区持续走低,南部的云南、广西显著增强。具体表现为以下几个特点。

第一,东北边境旅游发展放缓。东北边境开发较早,有着良好的基础,呼伦贝尔市的满洲里是中国最大的陆运口岸城市,国家重点开发开放试验区和边境旅游试验区的设立为其持续发展助力。丹东是中国面向朝鲜贸易量最大的口岸和商品集散地,也是中国游客赴朝旅游的旅游集散地和最佳通道,在2009—2018 年间始终是中国边境旅游发展水平最高的地区。但从最高水平段的数量来看,东北边境的边境旅游发展水平在 2009 年全国领先,2018 年已被西北边境和西南边境赶超,增长速度放缓。

表 4-5　2009 年、2018 年中国边境旅游发展水平分异

年份	水平梯度	东北边境	西北边境	西南边境
2009年	最高水平	丹东	/	/
	较高水平	包头、锡林郭勒、呼伦贝尔、牡丹江、延边	/	百色、红河、西双版纳
	中等水平	乌兰察布、伊春、鸡西、白山、通化	酒泉	防城港、崇左、文山、德宏、保山
	较低水平	兴安盟、大兴安岭、黑河、佳木斯、双鸭山	阿克苏、伊犁、阿勒泰、昌吉	普洱、临沧
	最低水平	阿拉善盟、巴彦淖尔、鹤岗	和田、喀什、克州、博州、塔城、哈密	怒江、林芝、山南、日喀则、阿里
2018年	最高水平	丹东	/	红河、西双版纳
	较高水平	包头、呼伦贝尔、延边	昌吉、伊犁	崇左、百色、文山、普洱、保山、德宏
	中等水平	阿拉善盟、乌兰察布、锡林郭勒、伊春、牡丹江、白山、通化	阿勒泰、酒泉	防城港、临沧
	较低水平	巴彦淖尔、兴安盟、大兴安岭、黑河、鸡西	喀什、博州、哈密	林芝、日喀则
	最低水平	鹤岗、佳木斯、双鸭山	和田、克州、阿克苏、塔城	怒江、山南、阿里

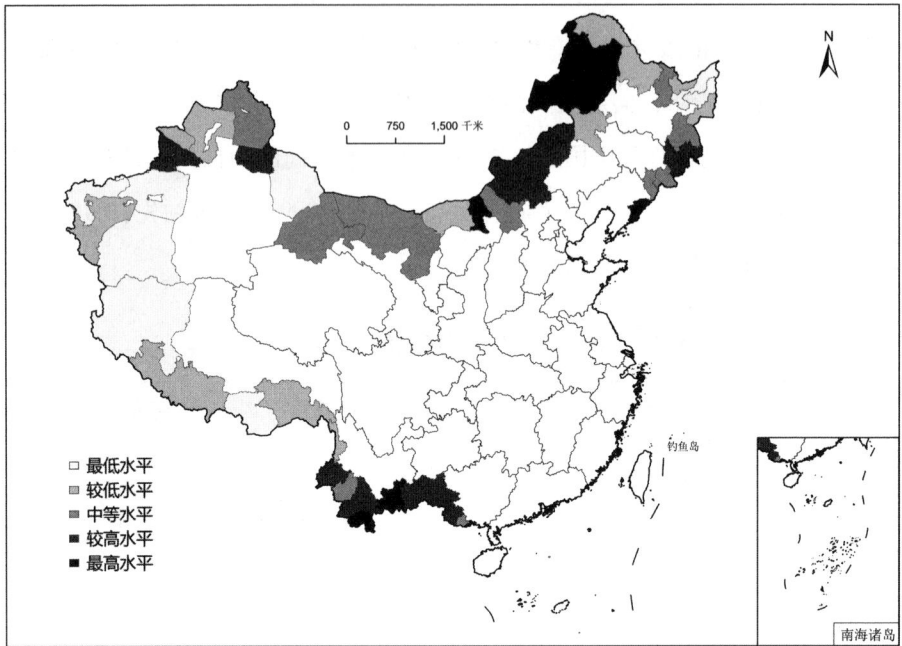

图 4-2　2018 年中国边境旅游发展水平

第二,"丝绸之路经济带"助推西北边境旅游发展。西北边境共与 11 个国家接壤,受限制于地理环境因素,广袤的西北地区普遍人口较少、经济发展水平较低,许多地区的边境旅游长期得不到发展。但西北边境的部分口岸城市受益于古丝绸之路的历史联系和发展基础,紧紧抓住"一带一路"建设带来的机遇而迅速发展。如新疆霍尔果斯口岸成立了全球第一个跨境经济贸易区和投资合作中心,充分发挥了新疆对中亚三国的区位优势。在 2009—2018 年间,西北边境的边境旅游发展迅速升级,最高水平段的数量有所增加,新疆伊犁发展极为迅速。

第三,"21 世纪海上丝绸之路"促进了西南边境旅游迅速发展。2009—2018 年西南地区边界旅游整体发展水平提升。虽然西藏边境旅游发展水平仍然较低,但广西和云南处于最高、较高水平阶段的城市由 4 个增加到 8 个,成为此水平段中占比最大的地区。"一带一路"建设加强了大湄公河次区域国家之间的合作,云南、广西两省区发挥重要的通道作用和地缘联络角色,从中国昆明到泰国曼谷的昆曼大通道的开通,中泰、中老铁路等的建设,大大缩短了中国与东南亚的交流距离,泛亚铁路网建设的初步成果更加活跃了西南边境旅游。

二、空间结构不平衡

考虑到边境旅游行为本身带来的空间相关性,加入空间权重矩阵,分析边境旅游发展的全局空间自相关性和局部空间自相关性,进一步探究边境旅游空间分布的依赖性和非均衡性。2009 年、2018 年的全局 Moran's I 指数的计算结果分别为 0.104083、0.298692,均在 0.01 的显著性水平下显著,表示中国边境地区边境旅游的发展存在显著的空间正相关性,即整体上高水平与高水平、低水平与低水平在地理上相邻。具体的空间关系如表 4-6 所示,第一、二、三、四象限分别表示边境旅游经济高—高集聚、低—高集聚、低—低集聚、高—低集聚。

表 4-6　2009 年、2018 年中国边境旅游经济发展 LISA 迁移

象限	2009 年	2018 年
第一象限 (高—高)	防城港、崇左、百色、文山、德宏、鸡西、牡丹江、延边、通化、丹东	防城港、崇左、百色、文山、红河、西双版纳、普洱、临沧、德宏、保山、阿勒泰、牡丹江
第二象限 (低—高)	普洱、临沧、阿勒泰、巴彦淖尔、乌兰察布、兴安盟、大兴安岭、黑河、白山	博州、塔城、哈密、巴彦淖尔、乌兰察布、兴安盟、大兴安岭、黑河、白山、通化
第三象限 (低—低)	怒江、林芝、山南、日喀则、阿里、和田、喀什、克州、阿克苏、伊犁、博州、塔城、昌吉、哈密、阿拉善盟、伊春、鹤岗、佳木斯、双鸭山	怒江、林芝、山南、日喀则、阿里、和田、喀什、克州、阿克苏、酒泉、阿拉善盟、伊春、鹤岗、佳木斯、双鸭山、鸡西
第四象限 (高—低)	红河、西双版纳、保山、酒泉、包头、锡林郭勒、呼伦贝尔	伊犁、昌吉、包头、锡林郭勒、呼伦贝尔、延边、丹东

（一）空间分布特征

根据 2009 年、2018 年中国边境旅游经济发展 LISA 分布情况,发现中国边境旅游经济的局部空间自相关性分布变化较小,总体而言,位处第一、第三象限的散点比第二、第四象限的多,即中国边境旅游经济受到区域邻近性的影响,更多表现为高—高集聚和低—低集聚。具体而言,高—高集聚地区以东北边境和西南边境为主,低—低集聚地区则以西北边境为主。而在低—高集聚、高—低集聚中可以发现旅游发展带动整体区域发展的边境地区,如包头、锡林郭勒、呼伦贝尔优先于周边地区发展,以及巴彦淖尔、乌兰察布、兴安盟、大兴安岭、黑河、白山滞后于区域整体发展。说明中国边境旅游经济存在明显的两极分化现象,有着显著的空间分布依赖性和非均衡性。

（二）空间跃迁走向

根据 2009 年、2018 年中国边境旅游经济发展 LISA 迁移情况(见图 4-3),其中,高—高集聚的边境城市有明显增加,低—低集聚的边境城市明显减少。具体表现为,西南和西北边境的散点出现了低—高、低—低向高—高、高—低迁移的趋势。西南边境的高水平集聚明显增加,云南的普洱、临沧由低—高向高—高集聚发展,红河、西双版纳、保山由高—低向高—高集聚发展。近几年,西南边境的对外交流平台与合作机制不断扩大,使旅游发展逐渐成为热点,旅游经济效应显著,如中国—南亚博览会、中国—东盟博览会、南亚东南亚国家商品展等的展开,促进了中国与周边国家的经济往来,推动西南边境要素出现高水平集聚。西北边境的昌吉、伊犁由低—低向高—低集聚发展,说明西北边境部分地区开始重视境外旅游市场,如中国最长的高速公路连云港—霍尔果斯高速公路促进了内连外通,带动了地区旅游经济发展,同时霍尔果斯边境合作中心的设立进一步加强了边境地区的边界经济渗透性,西北边境部分地区的旅游经济被带动起来。但值得注意的是,东北边境却出现反向变化,如鸡西、延边、通化、丹东由高—高向低—低和高—低集聚发展。因此,综合来看旅游经济的带动是极为有限的,虽然从整体上看中国边境旅游经济空间存在着调整,部分地区的优势逐渐凸显,但总体非均衡状态依然突出。

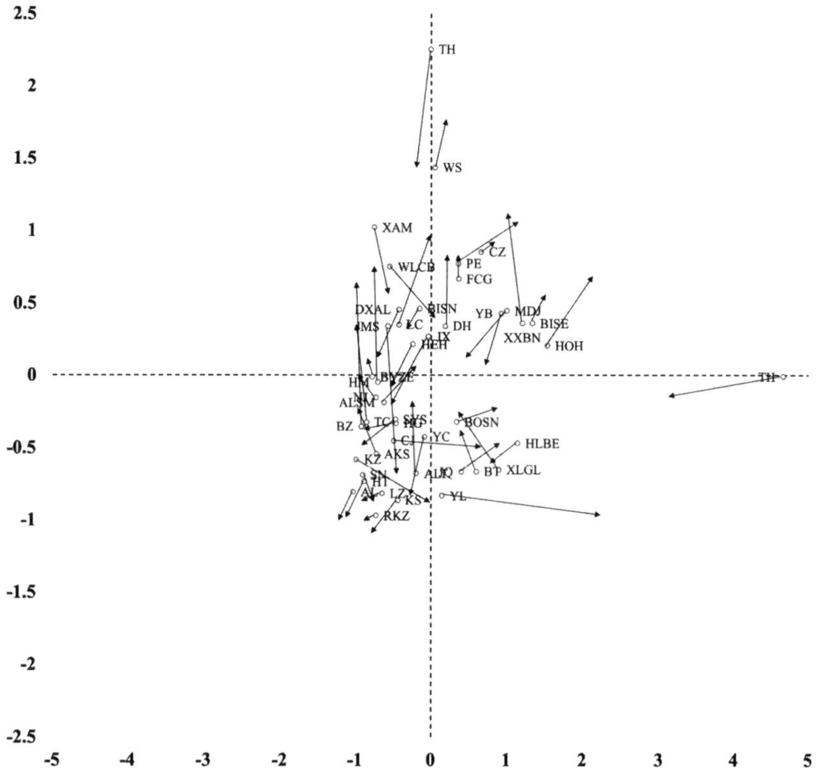

图 4-3　2012—2018 年中国边境地区旅游经济 LISA 迁移走向图①

---

① 编者注:为简化图示,将边境地级行政区名称用字母代替为:FCG(防城港)、CZ(崇左)、BISE(百色)、WS(文山)、HOH(红河)、XXBN(西双版纳)、PE(普洱)、LC(临沧)、DH(德宏)、BOSN(保山)、NJ(怒江)、LZ(林芝)、SN(山南)、RKZ(日喀则)、AL(阿里)、HT(和田)、KS(喀什)、KZ(克州)、AKS(阿克苏)、YL(伊犁)、BZ(博州)、TC(塔城)、ALT(阿勒泰)、CJ(昌吉)、HM(哈密)、JQ(酒泉)、ALSM(阿拉善盟)、BYZE(巴彦淖尔)、BT(包头)、WLCB(乌兰察布)、XLGL(锡林郭勒)、XAM(兴安盟)、HLBE(呼伦贝尔)、DXAL(大兴安岭)、HEH(黑河)、YC(伊春)、HG(鹤岗)、JMS(佳木斯)、SYS(双鸭山)、JX(鸡西)、MDJ(牡丹江)、YB(延边)、BISN(白山)、TH(通化)、DD(丹东)。

三、治理手段不匹配

由于中国边境地区产业发展基础和对外合作状态存在较大差异,边境地区治理手段存在类型不同、方式不同的情况。根据东北、西北和西南三条沿边经济带的旅游经济发展驱动差异(见表4-7),表现出以下特征差异。

(一) 东北边境受邻国经济影响显著

邻国经济驱动要素对东北边境的影响小于本地经济驱动要素的影响。东北边境沿边经济带的发展是以本地经济为主体,外部资源与邻国经济对边境旅游经济的作用较小,这一结论与李圣华等(2015)、赵可金(2019)的研究结果一致,他们认为受俄罗斯经济发展缓慢、朝鲜边境封闭的影响,东北边境的外部资源不能有效促进地区发展,同时东北边境内部发展也存在后劲不足的隐患。此外,根据空间效应结果,东北边境地区的本地经济驱动要素对周边地区存在显著的负向溢出效应,即东北边境地区本地经济驱动要素的发展存在着吸收周边地区资源的现象,东北沿边经济带的内部竞争激烈。

(二) 西北边境受制于内部发展动力不足

邻国经济驱动要素对西北沿边经济带没有显著影响。西北地区受限制于西北边境的地形条件和邻国状态,对旅游发展提供的动力十分有限,而由内部资源主导边境地区的旅游经济发展。根据空间效应结果,西北边境地区的对外经济联系程度存在显著的正向溢出效应,即西北边境地区对外联系的效益范围更能覆盖到周边地区,说明西北边境地区的对外效益影响范围更广,西北沿边经济带内的区域流通性较强,西北地区发挥的通道作用显著。

(三) 西南边境呈现出多热点高水平集聚状态

邻国经济驱动要素和本地经济驱动要素对西南沿边经济带有着显著影

响。且在考虑空间相关性后,西南沿边经济带的边境旅游经济发展存在显著的正向的溢出效应,推动西南沿边经济带的整体发展。西南沿边经济带的边境旅游经济发展得益于对本地旅游经济资源的挖掘和对邻国旅游经济资源的利用,也反映了西南边境近几年受益于较为稳定的国际关系和长期对外合作基础。西南边境地区积极利用民间交流合作基础、跨区域合作通道及合作平台,结合边境片区的旅游资源,充分发挥本地旅游和对外旅游交流的功能,提升地区旅游经济的综合水平。当前,西南沿边经济带的边境旅游经济发展呈现出多热点、高水平集聚的状态,可以积极利用当前的发展态势,协调兼顾挖掘内部资源和扩大对外优势,促进边境旅游经济的持续健康发展。

表 4-7　中国三条沿边经济带分异测算

变量	东北沿边经济带		西北沿边经济带		西南沿边经济带	
	FE	SDM	FE	SDM	FE	SDM
I(本地经济驱动要素)	0.971 *** (5.945)	0.178 * (1.676)	0.815 *** (4.963)	0.742 *** (5.270)	0.780 *** (2.980)	0.196 (1.501)
O(邻国经济驱动要素)	0.189 ** (2.302)	−0.130 (−0.910)	−0.179 (−0.311)	−0.730 (−1.123)	1.352 *** (3.120)	0.234 (1.127)
$W*I$		−0.276 * (−1.940)		−0.327 (−1.304)		0.053 (0.276)
$W*O$		0.193 (0.964)		2.874 *** (2.895)		0.064 (0.298)
$W*Y$		0.014 (0.193)		−0.090 (−0.905)		0.553 *** (9.968)
常量	−0.0878 *** (−5.801)		−0.0438 (−0.373)		−0.134 *** (−3.672)	
观察值	190	190	110	110	150	150
组数	19	19	11	11	15	15

备注:t-$statistics\ in\ parentheses$,$***p<0.01$,$**p<0.05$,$*p<0.1$。

四、发展不平衡因素分析

如表 4-8 所示,在不考虑变量间的空间关系时(模型一),邻国经济驱动要素与本地经济驱动要素对边境旅游经济的影响都比较显著,且本地经济驱动要素是边境旅游经济发展的主要影响因素。在考虑空间关系后(模型二),发现本地经济驱动要素存在负向的空间溢出效应,即本地边境旅游经济的内部发展在一定程度上剥夺了相邻地区的内部经济发展资源;邻国经济驱动要素、边境旅游经济发展存在着正向的空间溢出效应,即本地区的旅游经济发展的对外互动和综合边境旅游发展都对相邻地区有着示范指引作用。对于这一研究结果,可以解释为本地经济驱动要素的作用范围局限于本地区的边境旅游经济发展,而邻国经济驱动要素的影响范围更能覆盖到周边地区,说明边境地区的对外互动的影响更具有扩散性。

表 4-8　边境旅游经济影响因素估计结果

变量	模型一 FE	模型二 SDM
I(本地经济驱动要素)	0.873 *** (12.47)	0.433760 *** (6.197223)
O(邻国经济驱动要素)	0.613 *** (3.641)	−0.044057 (−0.340238)
$W*I$		−0.279109 ** (−2.828785)
$W*O$		0.443060 ** (2.930631)
$W*Y$		0.311990 *** (7.247575)
常量	−0.144 *** (−5.054)	
观察值	450	450
组数	0.408	0.8514

备注:t-statistics in parentheses, ***$p<0.01$, **$p<0.05$, *$p<0.1$。

　　综合来看,中国边境地区旅游经济的发展受到本地经济和邻国经济的共同驱动,是在相对稳定的国际环境与国家政策的推动下起步和发展的。边境地区的对外开放与边境旅游的初步探索始于改革开放之后,中国与周边国家逐步确立了外交关系,依托相对稳定的国际环境与邻国的稳定发展,一些边境地区开展了小额贸易和集市贸易,在《边境小额贸易暂行管理办法》及一系列开展边境自费旅游的指导文件和暂行管理办法出台后,边境地区对外合作逐步规范,实现了旅游经济的初步发展。随着边境经济合作区、保税区、边境试验区等的建设以及边境优惠政策的倾斜,边境地区抓住发展机遇,不断开发边境旅游资源、规范边境旅游市场、培育特色产业、深化边境合作,推动了中国边境旅游经济持续发展。进一步分析中国边境旅游经济的驱动因素,具体如下。

（一）本地经济的作用占主导地位

从本地经济驱动要素指标构成来看,地区政策发挥着关键作用,中国边境旅游经济的发展受政策主导较为明显。边境地区长久以来处于边缘地带,本地经济的发展受制于国家对领土和口岸的管理,边境地区发展初期,国家政策制定的主要目标是维护国家安全、稳定边境物质供给;在边境地区发展过程中,国家政策制定逐步开始朝着重视边境城镇的方向发展,如建设各类试验区,以及国际化的旅游集散中心等。本地经济不断提升区域综合发展能力,从单纯依靠地理区位条件和制度优势到综合发挥区域旅游资源和特色产业的优势,反映出中国边境旅游经济以本地经济为主导的发展模式。

（二）邻国经济的作用受到制约

从邻国经济驱动要素指标构成来看,对外通道和对外贸易发挥着重要作用,而邻国的经济和政治影响程度较小。这种情况可以反映出中国边境管理的成效,当邻国局势不稳定时,通过边境地区的有效控制能减少邻国带来的风险。但也反映了中国与邻国的边境旅游合作深度不足,当前中国边境旅游仍以国内客源为主,许多边境地区的游客保持着临境不出境的状态,邻国客源市场的边境旅游需求依然较小。对外合作所带来的人口、资金、货物等资源流动可以为边境旅游经济发展提供可持续的流量,因此中国边境旅游经济的持续发展需要进一步利用好对外合作平台。

第四节　分析结论

一、主要结论

(一)三大边境旅游片区特色各异

中国沿国家边界形成的沿边经济带,是边境旅游发展的载体,并形成了东北边境、西北边境和西南边境三大旅游片区。其中东北边境以辽宁丹东、内蒙古满洲里、吉林延边等地为核心;西北边境以甘肃酒泉、新疆伊犁等地为核心;西南边境以云南德宏、西双版纳,广西百色、崇左为核心。口岸城市是边境旅游依托的核心,并对沿边经济发展产生重要作用。

(二)"一带一路"促进空间演化

在"一带一路"建设背景下,中国边境旅游空间格局发生显著变化。边境旅游经济空间分异测算结果表明,中国的边境旅游经济空间在"一带一路"倡议提出前后产生了两个演化趋势:一是东北边境旅游经济发展速度放缓;二是西北地区、西南地区获得了较大发展,其中,西北边境旅游经济崛起得益于"丝绸之路经济带",而"21 世纪海上丝绸之路"促进了西南边境旅游经济迅速发展。

(三)发展水平呈现两极分化趋势

在"一带一路"建设背景下,中国边境旅游空间关系发生变化。主要表现为:从整体而言,中国边境地区旅游存在明显的两极分化现象,整体表现为高水平集聚或低水平集聚,有着显著的空间分布依赖性和非均衡性。例如,西北沿边经济带的和田、喀什、克州、阿克苏以及西南沿边经济带的西藏边境、云南怒江地区长期得不到发展,形成低水平集聚。从发展来看,东北边境旅游发展的区域差距进一步拉大,发展优势地区尚未充分发挥对整体地区的带动作用、而随着西南、西北边境部分城市的发展,低水平集聚的现象有所改变,且西南边境的高水平集聚明显增加,其主要原因是基础设施的改善,以及对外合作交流的扩大。

（四）边境旅游经济影响因素各异

中国三条沿边经济带边境旅游空间分异影响因素各异。具体表现为:第一,本地经济的作用占主导地位,对本地经济的巨大投入,拉动了西北沿边经济带的发展。例如,新疆的伊犁边境旅游经济发展得益于口岸经济的建设,以及中国与哈萨克斯坦建立的跨境旅游合作区。第二,受邻国经济发展水平的制约,边境旅游经济发展受到影响。最为典型的是东北地区,由于相邻的朝鲜、俄罗斯经济发展迟滞,邻国经济对东北边境旅游经济发展的拉动力不足。第三,邻国经济与本地经济双重作用推动西南边境旅游经济发展。例如,越南的经济发展迅速,"一带一路"建设背景下中国通往老挝、缅甸的交通基础设施大大改善,这些因素为西南边境旅游经济发展提供了重要支撑。

二、对策思考

基于以上分析,本研究认为中国边境旅游发展政策的制定,要避免采取"一刀切"的方式,不同地区需要制定不同的政策。边境旅游发展政策要充分考虑邻国经济特点、本地经济基础的差异化特征,从而制定差异化发展策略。

（一）东北边境应该以本地经济发展为核心

东北边境旅游发展有着深厚基础,早在1985年,中朝的互访活动打破了中国陆路边境的封闭状态,形成了边境旅游的雏形。但是,由于邻国经济发展的制约,东北地区边境旅游出现衰退趋势。以"大图们倡议"(1995)、中蒙俄经济走廊(2016)、中蒙跨境旅游合作区(2017)等合作协议和政策为代表的东北亚区域一体化发展模式,不仅没有给东北地区带来较大改观,反而使东北边境失去了发展边境旅游经济的重心。东北边境应该发挥自身边境旅游资源优势,提升内部增长动力。致力于解决本地边境旅游吸引物不足、旅游产品同质化、旅游基础设施滞后、边境旅游市场管理不足等问题,以边境口岸辐射边境城市、边境旅游带动区域旅游的方式为东北边境旅游经济的发展提供可持续的发展动力。

(二) 西北边境应该以通道建设为核心

由于中国古丝绸之路穿越中国西北边境,西北边境对外往来起步也相对较早。然而,邻国经济发展水平低、地域广阔、人烟稀少,以及地区安全等因素制约了西北边境旅游经济的发展空间。中哈边境的"霍尔果斯跨境旅游合作区"创新了发展模式,但口岸贸易占据主导地位,在旅游发展方面反而没有产生较大突破。边境旅游作为一种边境地区的社会活动,具有流动性与聚集性并存的特征,长距离的旅游流为边境地区带来了要素流动,是实现对外友好交流、互惠互利、改善国际关系的主要手段。2014年,中国、吉尔吉斯斯坦、哈萨克斯坦三国联合成功申报"丝绸之路:起始段和天山廊道的路网"为世界遗产,为西北边境如何发挥好外部经济效益带来了新思路。因此,西北地区的边境旅游政策应该以通道建设为核心,为打造名副其实的"新丝绸之路经济带"赋能。

(三) 西南边境应该以"跨境旅游合作区"建设为核心

西南边境具有本地经济和邻国经济综合发展的优势基础,需要进一步推进区域性的旅游经济合作。边境旅游相对于传统边境贸易等而言,其运作机制和合作网络更为复杂,涉及基础设施、资金流、物流、旅游流的综合配置,更将边境地区视为目的地而非通道。因此,西南地区应该围绕"跨境旅游合作区"建设,在空间范围、合作方式、旅游形态等方面进行大胆创新和尝试。在政策制定上以解决当前流通不畅、发展不均的现状为目标,借鉴国际经验如跨境游道、国际和平公园等模式,积极探索适合当地的边境旅游合作新模式。

第五章　边界效应类型及其形成机理

边界效应是指国家边界或行政边界对相互交往产生的作用和影响,作用是机理,演化是过程,转化是结果。从旅游研究视角出发,本研究将边界效应划分为阻滞效应、集聚效应和扩散效应。边界的防御、阻隔功能产生阻滞效应,边界的吸引、接触功能产生集聚效应,边界的融合、渗透功能产生扩散效应。阻滞效应阻碍边境旅游发展,集聚效应促使边境旅游不平衡发展,扩散效应是边境旅游一体化发展的前提。边界与旅游各要素在多重力量驱动下,最终形成了边界效应的四类驱动要素——阻碍要素、吸引要素、渗透要素、扩散要素。边界效应驱动力包括推力、拉力和中介力,三种力量在边境旅游系统中相互作用,使旅游流在系统中表现为阻滞、聚集与扩散形态。

第一节　边界效应类型划分依据

一、边界效应理论的适用框架

（一）边境旅游活动存在特殊性和敏感性

国家间的边境线是国家领土与主权的界限标志,边界的存在阻碍了要素的流动,从而对跨越边境的社会、经济活动产生影响,这种影响称为"边界效应"(McCallum,1995)。Timothy(1995)等学者认为,国家边界具有从开放性到完全封闭性的不同渗透程度,国家边界的这种性质决定了封闭的边界对双边旅游发展来说是一种障碍,而开放的边界由于几乎没有文化、政治、经济差异,使得双边旅游业可以通过优势互补获得共同发展。在前述研究结果的基础上,本章对边界效应类型进行探讨,这需要从边界功能与旅游流的关系入手,对边境旅游地的边界效应类型进行划分。

旅游活动具有敏感性,因此旅游中边界效应的范围更广泛,这是旅游研究中边界效应特殊性的第一个基础。国家边界对旅游流有着显著的影响,以航空客流为例,Hazledine 在把握了 GDP、人口和距离要素后,发现加拿大国内航线提供的座位数量大约是国际航线的六倍。[①] 行政边界影响旅游流,且因交通方式的差异而有不同的表现,如铁路客流相对于航空客流而言对距离变化更为敏感,[②]但行政边界与旅游活动边界并不重合,以出租车数据为基础的交通区域边界,与行政边界有着明显的差别。[③] 地理边界也明显地影响着旅游流,由于自然灾害导致了峡谷封闭,使人们的旅行时间平均增加了 9 分钟,获取峡谷另一侧服务的难度和成本增加,使全科医疗服务消费明显减少,医疗旅游活动也因此减少。[④] 模糊的边界对旅游造成间接影响,如语言边界、心理边界、价格边界等。

(二) 边界是一种旅游吸引物

国家边界象征着民族情结和国家意义,如遗迹边界、边界公园和纪念碑等

---

① T.Hazledine,"Border Effects for Domestic and International Canadian Passenger Air Travel",*Journal of Air Transport Management*,Vol.15,No.1,2009,pp.7–13.

② 王姣娥、景悦:《中国城市网络等级结构特征及组织模式——基于铁路和航空流的比较》,《地理学报》2017 年第 72 期。

③ X.Liu,L.Gong,Y.Gong,et al.,"Revealing Travel Patterns and City Structure with Taxi Trip Data",*Journal of Transport Geography*,Vol.43,No.43,2015,pp.78–90.

④ J.Macrae,S.Kingham,E.Griffin,"The Effect of Spatial Barriers on Realised Accessibility to Heath Services After a Natural Disaster",*Health & Place*,Vol.35,2015,pp.1–10.

易激发人们的爱国情绪。边界的景观标志具有基本的地理和政治功能,标志着从一个主权地到另一个主权地,但 Ryden 认为边界不仅仅是地理和政治的差异标志,这些独特的边界标志就如商场的广告牌一样,引起陌生人的注意和好奇,不断重复着确保人们感知到绝对而显著的差异。① 部分国家边界附近的自然景观本身具有一定的旅游价值,一些国家出于可持续发展的需要而建设跨境保护区,在保护生态的基础上,可提供更多的景点,使游客分散在更大的区域并获得更好的体验。如南非克鲁格国家公园(Kruger National Park),津巴布韦贡纳雷州国家公园(Gonarezhou National Park)和莫桑比克林波波国家公园(Limpopo National Park)作为边境国家公园,为地区旅游业创造了巨大的发展机会。② 许多研究发现,跨境购物的产品类型具有复杂性,既包括实用产品,也包括奢侈品或相关的象征性物品,在跨境购物的经历过程中,消费者同时也是旅游者通过逃避现实日常的元素而获取新奇独特的体验,跨境消费成为游客体验的一部分。③

(三) 边界效应理论在旅游研究中的适用框架

在不同维度、不同尺度的边界中,国家边界最为特殊,边界通过阻碍力、吸引力、渗透力和扩散力对旅游流、旅游地和国家形成影响(见图 5-1)。在外部因素的作用下,边界效应的影响程度和影响范围会不断发生动态演化。边界的影响机制具体表现为三个方面:第一,对旅游流而言,边界通过吸引或限制游客通行,导致旅游流出现空间阻滞、集聚和扩散,而通过边界效应的转化,可以带来新的旅游模式和新的旅游业态;第二,对旅游地而言,边界的渗透、接

---

① K.C. Ryden, Mapping the Invisible Landscape: Folklore, Writing, and the Sense of Place, University of Iowa Press, 1993, pp.1-2.

② S. Ferreira, "Problems Associated with Tourism Development in Southern Africa: The Case of Transfrontier Conservation Areas", *Geojournal*, Vol.60, No.3, 2004, pp.301-310.

③ P. Boonchai, P. Freathy, "Cross-border Tourism and the Regional Economy: a Typology of the Ignored Shopper", *Current Issues in Tourism*, Vol.23, No.5, 2020, pp.626-640.

触、阻隔,使旅游发展过程中可能存在发展同化、受益不均或特色凸显的现象,而通过对边界效应的利用和转化可以促进区域协调发展;第三,对国家而言,高风险的边界使边境地区更需要加强边防安全,采取措施维护稳定,但却在一定程度上影响了旅游发展,而稳定安全的边界将为区域间的旅游合作提供更多机会。

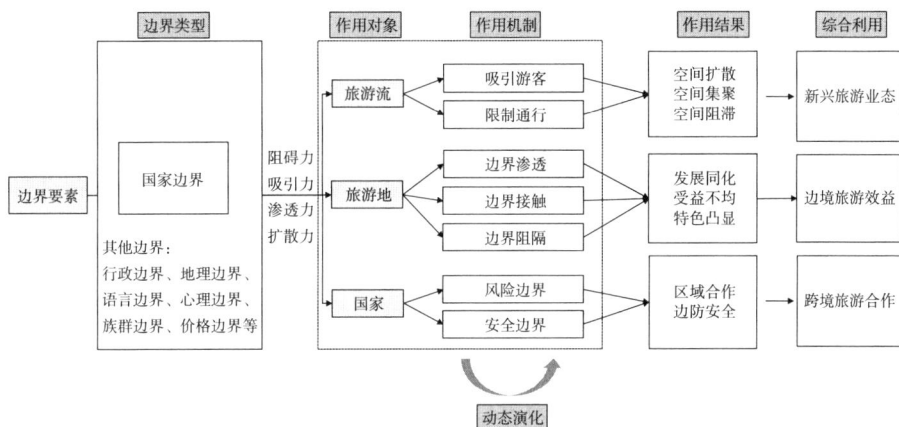

图5-1 边界效应理论在旅游研究中的适用框架

二、基于边界功能的边界效应

边界效应的定义是基于"边界"本身的属性,边界是一条界线,有"显性"和"隐性"之分。"显性"更多体现的是政治属性和军事属性,"隐性"更多体现的是社会属性。为了更为全面地体现国家边界对跨边界活动的影响,本书将边境地区的人文互访、社交往来、旅游发展等社会网络关系纳入研究范围。汤建中(2002)根据边界的属性和功能,将其划分为封闭型边界、半封闭型边界和开放型边界三大类型(见图5-2)。

图5-2 边界功能分类

第二节　边境旅游地三大边界效应

一、封闭型边界产生阻滞效应

(一) 对阻滞效应的界定

阻滞效应指的是国家边界对旅游活动产生阻隔作用,旅游流临境不越境。阻滞效应起源于医学研究领域,之后被学者引入到经济学(Nordhaus,1992)、政治学(杜德斌等,2012)、环境学(王海建,2000;刘曙光等,2014)、体育学(杨青松等,2008;罗建河,2009)和农学(花俊国,2013)等学科领域。虽然学者们对阻滞效应的研究视角有差别,研究内容经历了由资源约束、能源约束向与社会问题结合的资源环境综合约束演变,研究对象也由单个因素作用向多个因素综合作用发展。阻滞效应作为边界效应的类型之一,主要是指连而不通,它会阻碍边境旅游发展,在边界效应中起到的是负向作用(见图5-3)。

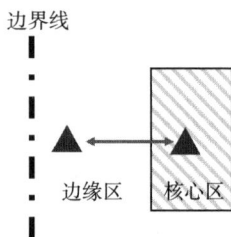

图5-3　阻滞效应空间特征图

(二) 封闭型边界产生阻滞效应

早期西方学者的研究主要关注边界对贸易的屏蔽效应。Brocker(1984)、McCallum(1995)、Helliwell(1996)等人通过实证研究,发现边界效应具有阻碍作用。Timothy(1995)等学者认为,国家边界具有从开放性到完全封闭性的不同渗透程度,国家边界的这种性质决定了封闭的边界对双边旅游发展来说是一种障碍,而开放的边界由于几乎没有文化、政治、经济差异,使得双边旅游业可以通过优势互补获得共同发展。

封闭型边界的最大特点是"连而不通",即边境线相连但旅游流不通。主要表现为边界两边无法实现互通有无,如朝韩边境的金刚山旅游区。封闭型边界的连而不通,更多指双方都无法实现正常的过境行为。封闭型边界主要呈现两大特征:一是方向具有单一性,更多是一种双向阻滞;二是程度具有唯一性,更多是一种高度阻滞。

1. 双向阻滞

按照影响分类的不同,可以将边境旅游阻滞型边界划分为边境旅游政治类阻滞、边境旅游经济类阻滞、边境旅游文化类阻滞、边境旅游环境类阻滞等不同类型。边境旅游政治类阻滞主要是指边境线两国或多国之间因国家政策、政治关系等因素影响而导致两国或多国之间的阻滞;边境旅游经济类阻滞主要是指边境线两国或多国之间因国家贸易往来、经济合作或跨区洽谈等因素影响而导致两国或多国之间的阻滞;边境旅游文化类阻滞主要是指边境线两国或多国之间因风俗习惯、民族特色和语系特征等差异性大小而导致两国或多国之间的阻滞;边境旅游环境类阻滞主要是指边境线两国或多国之间因山川、湖泊、水系等自然环境或其他人为人文环境的影响而导致两国或多国之间的阻滞。综上所述,按照影响分类的不同将边境旅游阻滞型边境划分为不同类型,更多的是一种宏观视角下的划分,表现出特有的旅游状态。

2. 高度阻滞

按照流动要素的不同,可以将边境旅游阻滞划分为边境旅游人员阻滞、边境旅游资本阻滞和边境旅游物品阻滞。边境旅游人员阻滞主要是指边境线两国或多国之间由于劳动力的不可流动而产生的阻滞;边境旅游资本阻滞主要是指边境线两国或多国之间由于货币不流通而产生的阻滞;边境旅游物品阻滞主要是指边境线两国或多国之间由于贸易不往来、商品不流通等因素而产生的阻滞。综上所述,按照流动要素的不同,将边境旅游阻滞划分为不同类型,更多的是微观视角下的解读,其关注的人员、资本、物品等更为具体。

二、半封闭型边界产生集聚效应

(一) 对集聚效应的界定

集聚效应指的是国家边界对旅游活动产生吸引作用,旅游流进入边境旅游地。集聚效应主要是指资源在边界任意一边或两边实现聚集,如中缅边境旅游区。集聚效应的通而不畅,主要表现为在本国边界或他国边界一定范围内实现集聚。"集聚"概念是 Marshall 首次使用的,韦伯(1909)较早将集聚引入经济学研究中,在其《工业区位论》一书中认为,集聚因素是一种优势,这里劳动力和聚集的节约成本大于运输成本,企业家在当地能够以比分散生产更加低廉的成本进行生产。集聚问题主要受到空间学派和产业学派的关注。冈纳·缪尔达尔(1957)的循环累积因果理论认为,在一个动态的社会过程中,劳动力、资金、技术等生产要素由落后地区向发达地区流动和集聚,从而导致地区间的发展差异进一步扩大,形成"地理上二元经济"。循环累积因果论揭示了边境旅游地发展不平衡的原因,如果将国家边界对旅游活动出入境的吸引和限制作用加以考虑,则集聚效应更能解释边境口岸非对称发展的原因(见图5-4)。

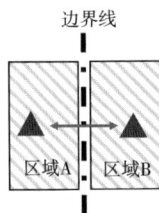

图 5-4　集聚效应空间特征图

（二）集聚效应源于半封闭型边界

半封闭型边界主要表现为"通而不畅"，即边境相通但旅游流不通畅。半封闭型边界产生的集聚效应主要呈现两大模式：一是单边集聚模式，主要指在边界双方的一国中实现集聚；二是双边集聚模式，主要指在边界双方中都实现集聚。

1.单边集聚

旅游流单边聚集是指边境旅游活动聚集在一国边境线一侧，以一国的边境口岸或旅游目的地为集散中心，旅游流临境但不越过边境线，在边境线一侧形成单边聚集。单边聚集模式在空间结构上的特点是：旅游目的地内部空间范围狭窄，边境旅游区内旅游景点数量不多，旅游开发市场规模有限；口岸节点数目较少，区域综合吸引力不高；边境旅游区路径系统单一，旅游流呈单向流动；客源市场单一，仅以单边近程市场为主；旅游业脆弱性高，易受两国政治关系影响，旅游经济波动明显，旅游发展缺乏成熟稳定的产业链和纵深联络，对区域经济贡献有限。

2.双边集聚

旅游流双边聚集是指边境旅游活动聚集在边境线两侧，旅游流越过边境线并在两国一定范围内活动，两国客源市场相互流动，景区景点互动。此模式的边境旅游相对发达，旅游空间呈现均衡聚集状态。双边聚集指的是，一方面旅游路径系统将两国旅游景区景点联结在一起形成旅游圈；另一方面旅游产业链及服务体系趋于完善，边境区域的经济联系和旅游活动范围扩大，形成边境区域旅游集散中心，并带动两国经济发展。双边聚集模式的空间结构特征主要是：边境旅游圈内节点的活动空间范围扩大，节点数量增加，形成一定规模的旅游圈；两国政府通过共同规划，建立边境管理合作机制，缓解了边境阻滞并形成边境旅游"共同圈"，产生更大的旅游吸引力。

三、开放型边界产生扩散效应

Timothy（2001）等学者提出了"去边界化"的观点，认为各国边界具有从开放性到完全封闭性的不同渗透程度。国家边界这种性质决定了封闭的边界对双边旅游流和旅游发展来说是一种障碍，而开放的边界由于几乎没有文化、政治、经济差异，使得边境旅游可以通过优势互补获得共同发展（E.K.Prokkla，2007）。边界封闭促进了阻滞效应，双边要素不流通，边境矛盾和冲突加剧。

（一）对扩散效应的界定

扩散效应指的是国家边界对旅游活动产生辐射作用，旅游流推动双边发展。学者对扩散问题的研究基本上也将其定义为空间扩散和产业扩散两种类型。随着扩散问题研究的不断深化，扩散效应逐渐被引入旅游研究中，例如，刘宏盈（2010）对长江三角洲入境旅游流，贾德铮等（2012）对长江三角洲都市圈，党挺（2017）对发达国家体育产业分别进行了相应扩散效应研究。扩散效应作为边界效应的类型之一，主要是指互联互通，是边境旅游一体化发展的前提（见图5-5）。

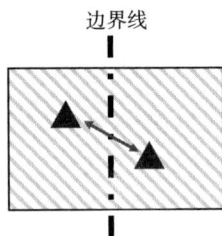

图5-5　扩散效应空间特征图

（二）扩散效应源于开放型边界

扩散型边界主要表现为"互联互通"。主要是指在边界两侧可以实现畅通无阻的通行，如欧盟旅游区。扩散效应的互联互通，主要表现为在本国边界或他国边界实现扩散。因此,扩散效应主要呈现两大模式:一是单边扩散模式,主要指在边界双方的一国中实现扩散;二是双边扩散模式,主要指在边界双方的两国中实现扩散。按照扩散程度的不同,可将边境旅游扩散效应划分为低度扩散效应、中度扩散效应和高度扩散效应。

1.低度扩散效应

主要是指边境旅游发展处于初级阶段,旅游流的规模不大,更多是一种单边扩散模式,旅游流经过边境口岸在一国范围内进行一定规模的扩散,基本停留在边界线较近的区域内。

2.中度扩散效应

主要是指边境旅游发展处于中级阶段,旅游流形成一定规模,更多是一种双边扩散模式,旅游流在边界线范围内向两国进行扩散,但是扩散所形成的范围依然停留在边界线较近的区域内。

3.高度扩散效应

主要是指边境旅游发展处于高级阶段,规模相对较大,旅游流流动性较大,扩散效应模式可能是单边模式或者是双边模式,但是其扩散的范围正在向核心区域蔓延,甚至出现较大程度的溢出现象。

第三节 边界效应形成机理

一、边界效应驱动要素

（一）边界效应下的四类驱动要素

边界与旅游的空间互动关系是旅游研究中边界效应的研究基础。传统的旅游系统模型无论是 Gunn 以需求—供给为核心的旅游功能系统模型,还是 Leiper 以客源地—目的地—旅游通道为核心的旅游地理空间模型,都在一定程度上忽视了边界和旅游的关系。Gelbman 和 Timothy 从边境旅游区形成的角度出发,认为边界与旅游存在四种关系:障碍(barriers)、吸引物(attractions)、旅游区(landscape modifier)和过境区(transit zone)。① 基于此,本研究对边界与旅游的互动关系进行总结,发现边界系统的有形要素包括边界线、国门、围墙等边界景观与边境设施,无形要素包括障碍感知、差异感知、国家认同与爱国情怀等②,各要素相互作用,又受到国家形势、地区政策等外部因素,以及个人经历、个体偏好等内部因素的综合影响。边界与旅游各要素在多重力量驱动下,最终形成了边界效应的四类核心要素——阻碍要素、吸引要素、渗透要素、扩散要素。

（二） 四类驱动要素形成四类目的地

四类驱动要素的综合作用使旅游流的流动结构和旅游地的空间形态表现为四种模式(见图5-6):第一,边界以阻碍功能为主,在阻碍要素的作用下,边界成为旅游流动的障碍,使旅游流远离边界线,旅游目的地在距离边界较远的地区形成;第二,边界促使旅游吸引物形成,阻碍要素和吸引要素共同发挥

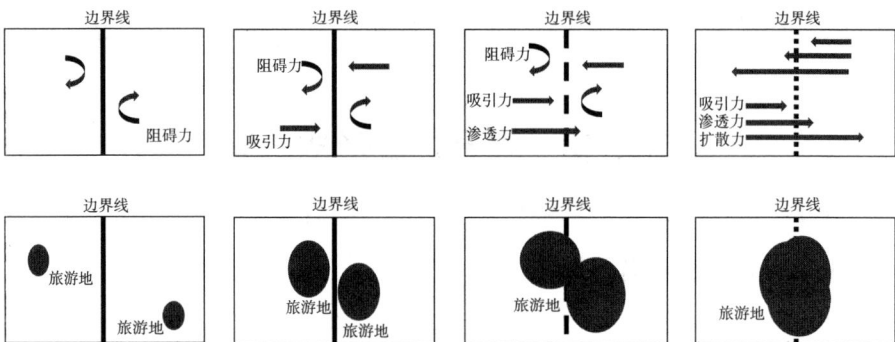

图5-6 边界与旅游的关系

① A.Gelbman,D.J.Timothy,"Differential Tourism Zones on the Western Canada-US Border", *Current Issues in Tourism*,2019,Vol.22,No.6,pp.682-704.

② 钟林生等:《中国陆地边境县域旅游资源特征评价及其开发策略》,《资源科学》2014年第36期;杨兆萍、张小雷:《边境地区旅游业发展模式研究》,《经济地理》2001年第3期。

作用,旅游流难以跨越边界,但又被边界吸引,最终在边界附近两侧形成旅游地;第三,在阻碍要素、吸引要素、渗透要素的共同作用下,旅游流呈现三种分化,即被边界阻碍而远离边界、被边界吸引而依恋边界、被边界渗透而跨越边界,在此基础上,边界两侧的旅游地由于旅游流和要素的交互而产生一定联系,两侧旅游地出现连接重合;第四,一些边境口岸的扩散要素增强,边界阻碍作用被弱化甚至消除,在吸引要素、渗透要素、扩散要素的共同作用下,旅游流的流动性加强,边界两侧的互动更为频繁,此时可能出现两种情况,当边界吸引要素强于渗透要素时,将出现跨边界的国际旅游目的地,而当边界的渗透要素强于吸引要素时,边界将成为过境通道。

二、边界效应驱动机理

(一) 多重功能共同作用

边界效应的产生,是地理边界、政治边界、经济边界、文化边界等边界多重功能叠加作用的结果。第一,由于地理边界存在同质、隔离、异化的状况,所产生的效应不同。同质化的区域空间有利于要素流动,有利于产生扩散效应;资源禀赋差异、地理环境差异、交通的通达性等因素,是形成隔离的区域空间的主要因素,隔离的区域空间容易产生阻滞效应;空间异化导致景观差异,在边界地带容易形成旅游吸引力并形成集聚效应。第二,政治边界体现的是国家主权和权力,并在边界地区产生重要影响,国家通过制定决定边界开放程度的对外政策产生边界效应。第三,边界两侧的产品、服务和生产要素的流动产生着经济影响。

(二) 三元结构共同推动

旅游供给与需求的平衡,是旅游活动顺利开展的前提,因此,旅游需求产生旅游流并驱动与旅游目的地的响应,就形成了边界系统的基本构造。自20世纪80年代以来,国内外诸多文献对旅游流与旅游目的地之间的驱动关系展开讨论,并运用"推力—拉力"理论进行实证分析和理论梳理。值得注意的是,在驱动力模型中,学者们将客源地视为需求推动,产生推力,目的地视为供给拉动,产生拉力。但是,对于边境旅游系统来说,边境就像一堵"无形的墙",横亘在推力和拉力之间,"推力—拉力"理论无法简单适用于边境旅游,缺乏对边境作用力的解释。产生边境旅游系统的作用机制是什么? 三大子系统之间有哪些互动关系? 对边境旅游系统驱动机理进行解析,有助于揭示 A国与 B 国旅游的区隔(互不往来)、单向流动(单边吸引)、双向流动(互联互通)的划分机理。因此,边境旅游流在形成过程中,一方面受到客源地的推动作用(边境旅游需求推动力)以及旅游目的地的拉动作用(边境旅游吸引力),另一个重要的作用力来自于边境线及国门通道的中介力。本书利用系统动力学分析方法,构建边境旅游流的集聚扩散机理(见图5-7)。

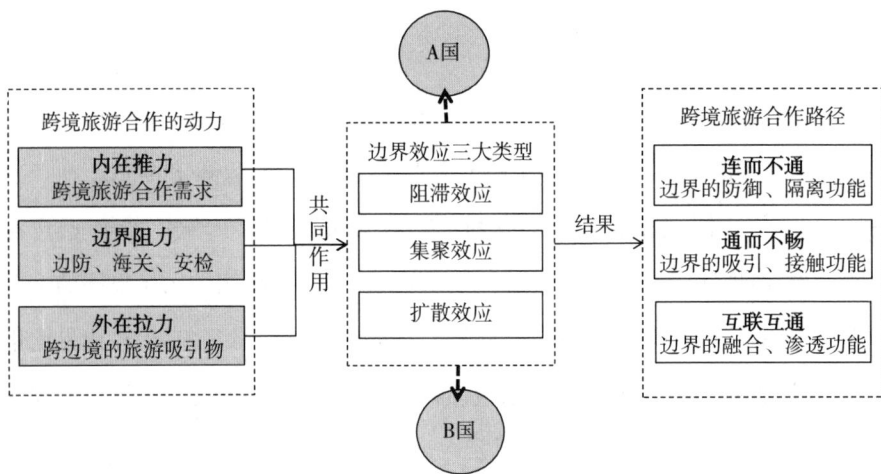

图 5-7　边界效应驱动机理

　　推力、拉力和中介力在边境旅游系统中相互作用,使旅游流在系统中表现为阻滞、聚集与扩散形态。在客源地需求子系统中形成旅游流扩散,对于目的地供给子系统来说,形成的是旅游流聚集。边境线及国门通道对旅游流产生阻滞作用的同时,由于其本身具有旅游吸引物属性,也产生聚集作用和吸引力。因此,边境线及国门对旅游流形成聚集与扩散并存的状况。

（三） 内在推力形成推动

内在推力主要源于客源地产生的旅游需求。边境旅游得以产生和发展的基础是边境旅游客源地与边境旅游目的地之间的差异,包括旅游资源差异、社会文化差异、国家情感体验差异等。追求差异化的旅游行为被学者称为"反向旅游",而方向性是旅游活动的根本驱动力。[①] 边境旅游是一种典型的"反向旅游",其方向性是建立在边境旅游吸引物、异国风情、国家文化差异等国内旅游所不具备的独特要素形成的"边境性"基础之上的。边境旅游需求的产生,正是由于这种国内旅游与边境旅游环境之间的巨大差异,吸引着客源地居民离开"核心"区域前往"边缘"区域,去体验与国内旅游完全不同的旅游方式,从而形成了边境旅游的内在推力。故此,客源地与目的地的反向级差或梯度是边境旅游的推力源泉,边境旅游发展的基础是"边境性"。

1. 主观要素推力

主观要素推力也可称为内推力,指的是边境旅游游客认识到自己需要前往边境旅游地旅游的作用力,如需要体验边境风情、放松精神、旅游购物等。主观因素推力的大小,从游客视角来看主要表现为自身对边境旅游的认识及需求程度;从社会视角来看,则表现为边境旅游需求规模。边境旅游的需求规模由多种要素决定,主要因素包括客源地社会经济发展水平、人口规模及状况。边境旅游需求主要由两国差异、口岸政策、交通条件、客源地与目的地间的距离、经济发展水平、边境社区人口、旅游动机、旅游资源丰度等。

2. 客观要素推力

客观要素推力可以称为外推力,指的是边境旅游客源在客观条件下被动的作用力,也被称为"出游力"。对出游力的研究源于 Cesario(1976) 提出的 Emissiveness 概念,指的是与若干旅行偏好相关的社会经济变量所决定的性质。[②]

---

① 吴殿廷、张艳、王欣:《论反向旅游》,《桂林旅游高等专科学校学报》2005 年第 6 期。
② F.J.Cesario, "Alternative Model for Spatial Choice", *Economic Geogtaphy*, Vol.52, No.4, 1976,pp.363-373.

史密斯(Smith,1995)认为旅游是一种社会行为,受游客的年龄、性别、职业、婚姻状况、经济收入、教育程度等因素的影响。社会经济属性对边境旅游出游率产生重要影响,因此,对边境旅游出游率的研究成为边境旅游客源地居民潜在旅游行为及旅行方式实现的重要内容。

(四) 边界介力形成阻力

边境线及国门通道是边境旅游较为特殊的系统要素,对旅游流的聚集和扩散产生重要作用,同时也决定了边境旅游系统空间结构模式及边境旅游发展模式。边界系统与需求、供给之间是一种双向互动的关系:一方面,国防安全、国家主权等对边境旅游流产生阻滞作用;另一方面,边境旅游的需求和供给反作用于边境子系统,促进边界系统完善聚集与扩散功能。因此,边界系统将边境旅游的需求和供给联结起来,在二者之间发挥桥梁和纽带作用,对边境旅游流产生聚集和扩散作用。边界介力,具体分为边界阻力和边界渗透力两种类型。

1.边界阻力

边界阻力主要来源于不通畅的边境通道。边境通道是连接边境旅游客源地和边境旅游目的地的"桥梁",也是边境旅游活动实现的一个先决条件。边界阻力不仅由边界开发程度决定,还受到空间距离、交通条件、旅游成本、汇率等因素的影响。在两国政治关系的影响下,边境旅游发展水平随着双边合作关系、边民交往程度、双边经济发展水平、边境治安环境等因素的变化而变化。

2.边界渗透力

在经济全球化背景下,边界的渗透已经表现为资源的渗透、经济的渗透、文化的渗透,当然,还包括旅游的渗透。边境旅游边界渗透力指的是边界一侧的旅游流被允许进入另一侧的作用力,它反映的是边界彼此分割或融合的程度。边界渗透力具有差异性、方向性和不对称性。差异性表现为双边渗透程度不同,方向性表现为双边彼此渗透的程度依赖于一边向另一边的溢出,而不对称性表现为边境一侧的渗透力超过另一侧的渗透力。以联合跨境合作区为代表的边界渗透典型区域,开始呈现出聚集的规模特征。边界渗透力对国家间边境区域的政治经济联系模式、新型社会空间等起到了推进作用。

（五）外在拉力形成牵引

外在拉力是指游客前往边境旅游目的地的各种客观旅游吸引要素的吸引力,以及旅游者对边境旅游吸引力的主观认识和猜想作出的反应。外在拉力主要来源于目的地提供的旅游供给。边境旅游目的地作为旅游业的一种形态,具有明显的市场性特征,并遵循着市场经济的一般规律。随着边境旅游目的地基础设施建设、交通条件等的改善,边境旅游正从边缘区域转向旅游市场的核心区域,成为旅游发展中不可忽视和日益重要的旅游形式。边境地区与内陆核心区域在基础设施、医疗卫生、交通条件、经济收入、文化教育等方面存在的差距,使边境社区具有强烈的发展诉求。在市场的驱动下,边境旅游供给总量在不断提升。边界系统的拉力作用可分为物质性拉力和非物质性拉力两类。

1.物质性拉力

边界系统的物质性拉力主要由客观因素产生,客观因素包括边境旅游资源、边境旅游接待设施两类。边境旅游资源中的核心吸引物可以是边界国门、旅游购物、边境集市、旅游景区等。而边境旅游的接待设施不仅包括酒店、游客集散中心,还包括交通设施、标识标牌、旅游厕所等。

2.非物质性拉力

边界系统的非物质性拉力主要由边境旅游的主观因素产生,与目的地自身特色及特征吸引物相联系,是由旅游者对目标属性的感知而产生。非物质性拉力体现在旅游者对边境旅游目的地吸引力要素吸引其前往旅游的作用力,具体包括边境旅游形象吸引力、边境旅游服务吸引力。边境旅游形象吸引力是游客被边境旅游目的地的形象认知所吸引,并由此产生出游意愿。边境旅游服务吸引力产生于游客对边境旅游目的地所提供的旅游服务的满意度,当旅游感知超出旅游期望时,游客的满意度增加,非物质性拉力增强。

第六章　边境旅游地边界效应测度

边界的封闭性、开放性、半开放性三大功能,是引致边境旅游产生集聚效应、阻滞效应和扩散效应的直接原因。本章以中老缅泰边境的磨憨—磨丁口岸、打洛—勐拉口岸、美赛—大其力口岸、清孔—会晒口岸为例,运用社会网络理论和方法,实证研究边境旅游的边界及边界效应类型、边境口岸的社会网络特征。结果表明,受边界属性和功能作用影响,边境旅游的边界效应可分为阻滞效应、集聚效应和扩散效应三大类型;中老缅泰边境口岸的整体边界效应较为显著,对接点的节点边界效应存在分异;中老缅泰边境口岸跨边界网络关联密度较高、网络结构复杂,个体网络结构差距较大,跨境旅游合作障碍较多。

第一节　研究设计

一、案例地选取

本研究使用社会网络分析方法进行实证研究,通过对中老缅泰边境口岸进行社会调查,探索边境旅游发展中的边界效应类型及测度方法。同时,通过对边境地区两两相邻口岸间的社会网络结构进行分析,对边界效应引致边境旅游社区的发展方向进行解析,以期为边境旅游地方管理者提供理论参考和实践启示,并适度拓展人文地理学的研究范畴。

2010 年,云南省在旅游产业发展大会上提出,云南需要强化自身与越南、老挝、缅甸接壤的区位优势,加强与相邻国家的旅游合作,积极打造中老缅泰边境旅游产品。2017 年,西双版纳州建立了与老挝南塔、乌多姆赛、波乔、琅勃拉邦,缅甸景栋、大其力,泰国清迈、清莱的"四国九方"合作机制,跨越边境的旅游线路把 4 个国家、8 个边境城市相连成线。从云南省出境的边境旅游线路主要有三条:一条是从河口进入越南的中越边境游线路;另一条是从西双版纳的磨憨、打洛口岸的中老、中缅边境游线路;第三条是从瑞丽姐告口岸出境到缅甸木姐的中缅边境游线路。其他口岸如清水河口岸、天保口岸等主要作为边境贸易口岸,是开展国际贸易的陆路通道,并且进行一些边民互市活动,基本不开展边境旅游。

本研究选取中老缅泰边境 8 个两两相对的开展边境旅游的口岸案例地开展调查,分别为:中老边境的磨憨—磨丁口岸、中缅边境的打洛—勐拉口岸、泰缅边境的美赛—大其力口岸、老泰边境的会晒—清孔口岸。磨憨口岸(Mohan port)隶属于云南省西双版纳傣族自治州勐腊县,与老挝接壤,是中国最南端的边境小镇。磨丁口岸(Boten port)隶属于老挝南塔省芒新县,紧邻中国的磨憨口岸。磨憨—磨丁口岸是中国与老挝之间唯一一个国家级口岸,昆曼国际公路从这里穿过,并通向东南亚各国。打洛口岸(DaLuo port)位于云南省西双版纳自治州勐海县,与缅甸接壤,是云南省重要的边境口岸之一。勐拉口岸(Mongla port)位于缅甸掸邦东部第四特区,紧邻中国的打洛口岸。美赛口岸(Mae Sai port)位于泰国清莱府最北部的城市美赛,与缅甸东部接壤。大其力口岸(Tachilek port)是位于缅甸东部掸邦的边境城市,美赛与大其力隔河相望,有桥相连,桥头设有海关。清孔口岸(Chiang Khong port)位于泰国北部清莱府的清孔县。会晒口岸(Houayxay port)位于老挝波乔省首府的会晒镇。清孔与会晒位于湄公河的左右两岸,隔湄公河相望(见图 6-1)。

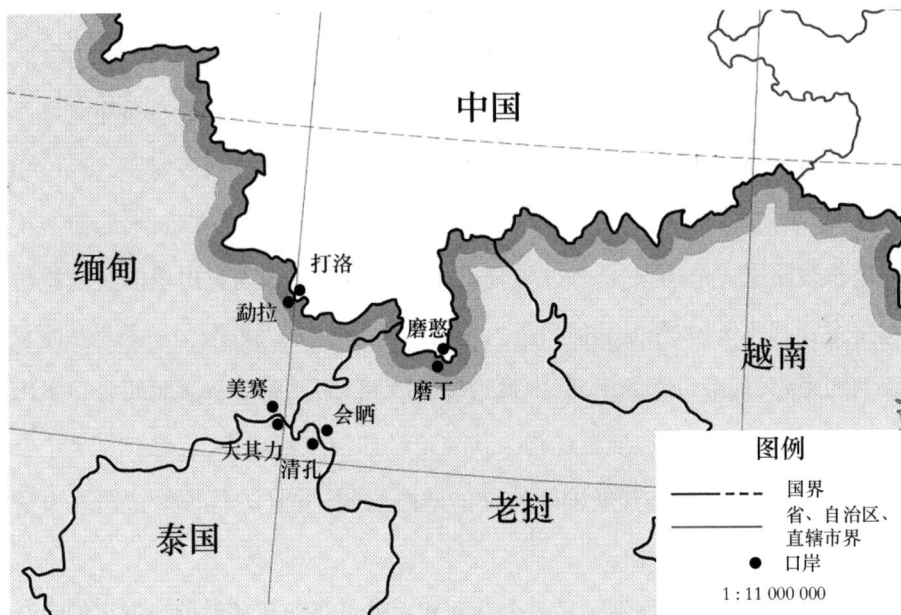

图 6-1　案例地区位图

二、研究方法

杨效忠等(2010)的研究较好地界定了跨界旅游区的边界效应,认为边界效应的作用强度与不同行政区域间的旅游合作关系密切相关。阻滞效应显著意味着跨界旅游合作障碍较大,同时合作空间也大。但是,国家边界与行政边界不仅属性不同,产生的影响也存在不同。因此本书结合中老缅泰边境口岸的社会网络特征,根据社会网络分析导论①中的 E-I 指数,并借鉴杨效忠等构建的测度跨界旅游区的边界效应的指标②,构建了包括网络密度、中心性、节点边界效应、整体边界效应等在内的边境旅游的边界效应社会网络测度指标。

---

① [美]斯科特:《社会网络分析法》,刘军译,重庆大学出版社 2016 年版。
② 杨效忠、张捷、叶舒娟:《基于社会网络的跨界旅游区边界效应测度及转化》,《地理科学》2010 年第 30 期。

（一）网络密度（Density）

网络密度代表的是网络图中实际连线数与最多可能拥有的连线数之比①,网络密度反映了关系网络中各节点之间联系的紧密程度,各节点之间的联系越多,网络密度越大,代表边界对关系网络影响程度的显著性。表达式为:

$$Density = \frac{l}{n(n-1)/2} \tag{1}$$

公式(1)中 l 表示网络图中的实际连线数, n 表示节点的个数,网络密度的取值范围为 $[0,1]$。

（二）中心性（Centrality）

中心性是一个节点结构位置指标,反映的是该节点的重要程度,可衡量其在关系网络中地位的优越性和重要性。中心性一般分为程度中心性、亲近中心性和中介中心性,其中,程度中心性是用来衡量关系网络中心点的重要程度。程度中心度在 Ucinet 中计算菜单路径为"Network—Centrality—Degree"。程度中心性表达式如下:

$$C_D(n_j) = d(n_j) = \sum_j X_{ij} = \sum_j X_{ji} \tag{2}$$

$$C'_D(n_j) = \frac{d(n_i)}{g-1} \tag{3}$$

X_{ij} 是 0 或 1 的数值,代表样本单位 j 是否承认与样本单位 i 有关系, g 是网络中的样本单位数。公式(2)把网络关系数加总,公式(3)便于对不同网络进行比较,此公式为无方向性图形。② 在社会网中,程度中心性代表关系数量的总和,由于关系网中的节点数量不一,对其进行标准化处理,可使不同网络

---

① 罗家德:《社会网络讲义》,社会科学文献出版社 2012 年版。

② 罗家德:《社会网络讲义》,社会科学文献出版社 2012 年版。

具有可比性。标准化的过程是除以某一节点在社会网络中最大可能的关系数,即 $g-1$ 条关系数。

(三) 节点边界效应(NBE)

节点边界效应指边境口岸节点网络密度分异与口岸内部网络密度之比,一般介于 0 与 1 之间,数值越接近 1,表明节点边界效应越大,数值越接近 0,表明节点边界效应越小。数学表达式为:

$$NBE = (D_{in} - D_{cross}) / D_{in} \times 100\% \qquad (4)$$

公式(4)中:NBE 代表节点边界效应,D_{in} 代表口岸内部的网络密度,D_{cross} 代表口岸之间的网络密度。以中老之间的磨憨—磨丁口岸为例,磨憨口岸的 D_{in} 也就是磨憨口岸与 7 个样本单位之间的社会网络密度,而 D_{cross} 就是以磨憨口岸为代表方(己方),与磨丁口岸(对方)之间形成的社会网络的密度。

(四) 整体边界效应(WBE)

整体边界效应指所有节点边界效应与节点数之比,一般介于 0 与 1 之间,数值越接近 1,表明整体边界效应越大;越接近 0,表明整体边界效应越小。数学表达式为:

$$WBE = (\sum NBE) / N \times 100\% \qquad (5)$$

式中:WBE 代表整体边界效应,NBE 代表节点边界效应,N 代表节点数。

三、调查过程

本研究在调查过程中主要采用观察法和访谈法,并以田野调查方式记录边境口岸资料和数据。本研究作者组织了在云南大学留学的老挝、泰国、缅甸的留学生,于 2018 年 2 月、2018 年 8 月利用留学生假期回国时间,赴相关边境口岸进行调查。其中,老挝留学生对老挝与中国的边境口岸磨丁、老挝与泰国的边境口岸会晒进行了调查,泰国留学生对泰国与老挝的边境口岸清孔、泰国与缅甸的边境口岸美赛进行了调查,缅甸留学生对缅甸与中国的边境口岸勐拉、缅甸与泰国的边境口岸大其力进行了调查。主要访谈对象为政府工作人员、当地旅行社人员、酒店或度假村工作人员。

四、数据获取

首先,通过确定社会网络中相关的节点组织,构建了中老缅泰边境口岸跨境旅游区整体网络。选取中老缅泰边境 8 个口岸的政府部门、旅游相关企业、边境社区作为网络节点,设计了包括政府部门、企业、社区在内的 56 个样本单位。其中,政府部门指的是该边境口岸所在的核心政府部门(Local Government)、海关(Customs House)和边防检查站(Immigration Inspection);企业指的是边境口岸处设有的旅行社(Travel Service Limited)、酒店或饭店(Hotel);社区指的是由当地社区或村寨村民所经营的旅游接待单元。这 56 个样本单位共同组成了中老缅泰边境口岸的社会网络。

其次,对网络节点进行实地调研,建立网络结构评价数据库。访谈涉及的具体问题为:近两年来,在中老缅泰边境地区的边境旅游活动中,你所在的单位曾与哪些单位发生过业务往来或者信息交流?调查员记录相关信息,并通过观察法、查询法对相关信息进行验证和鉴别,以此获取到 56 个样本单位之间的信息数据。调查过程中,本研究作者对磨憨、打洛口岸进行了调查,老挝留学生对磨丁、会晒口岸进行了调查,泰国留学生对清孔、美赛口岸进行了调查,缅甸留学生对大其力、勐拉口岸进行了调查。完成调查后,通过数据整理,运用社会网络软件 UCINET6 进行网络密度和相对中心度的测算,分别得出跨境旅游区的节点边界效应和整体边界效应。

表6-1 中老缅泰边境口岸跨界旅游区样本代码和数量

类别	打洛 （DL）	磨憨 （MH）	磨丁 （MD）	会晒 （HS）	清孔 （QK）	美赛 （MS）	大其力 （DQL）	勐拉 （ML）
政府部门	DLG （3）	MHG （3）	MDG （3）	HSG （3）	QKG （3）	MSG （3）	DQLG （3）	MLG （3）
社区	DLC （2）	MHC （2）	MDC （2）	HSC （2）	QKC （2）	MSC （2）	DQLG （2）	MLG （2）
企业	DLT （2）	MHT （2）	MDT （2）	HST （2）	QKT （2）	MST （2）	DQLG （2）	MLG （2）

资料来源：作者整理。

第二节 调查分析

一、节点边界效应分析

（一）中国边境口岸节点边界效应

从表6-2中所示的中国打洛、磨憨口岸节点边界效应来看，打洛—勐拉与磨憨—磨丁跨界的边界效应取值位于[0,1]区间，DLT_1、DLT_2、DLC_1、DLC_2、MHG_3的取值最大都为100%，MHT_1最小为16.67%。从数值上很明显能看出，中缅之间存在较大的边界阻滞效应，中老之间也存在边界阻滞效应，但总体比中缅要小。由于打洛与勐拉之间互不相通，口岸不开放，所以打洛的企业和社区与勐拉口岸基本无联系，阻滞效应最大属情理之中。作为中国打洛口岸的政府单位，与勐拉口岸取得联系，以期进行合作亦是合乎逻辑。对于磨憨—磨丁口岸，常年处于开放状态，畅通性良好，故而阻滞效应较小。MHT_1是一家位于西双版纳傣族自治州勐腊县临近磨憨口岸的旅行社，主要业务就是接待从磨憨口岸出境的团队游客和散客，与当地以及磨丁的当地部门、社区或多或少都存在联系，因此受到边界的阻滞效应最小。在打洛—勐拉跨界旅游区中,DLT_1(100%)、DLT_2(100%)、DLC_1(100%)、DLC_2(100%)位于前 4 名,分别是打洛口岸的旅行社、酒店、社区农家乐、社区民宿。在磨憨—磨丁跨界旅游区中,MHG_2(66.67%)、MHG_3(100%)、MHT_2(66.67%)、MHC_1(66.67%)、MHC_2(66.67%)位于前 5 名,分别是磨憨口岸的海关、边检、酒店、农家乐和民宿。

(二) 缅甸边境口岸节点边界效应

从表 6-2 中所示的缅甸勐拉、大其力口岸节点边界效应来看,勐拉—打洛与大其力—美赛跨界的边界效应取值位于 [0,1] 区间,$DQLT_1$、$DQLT_2$、$DQLC_1$、$DQLC_2$、MLG_3、MLT_1、MLT_2、MLC_1、MLC_2 的取值最大都为 100%,$DQLG_1$、$DQLG_2$、$DQLG_3$ 最小为 66.67%。缅甸和泰国的口岸互不相通,并且又有国境线的存在,除了政府部门出于自身的特殊原因和泰国的美赛口岸产生联系之外,其余企业和社区均不产生联系。同时中缅之间在打洛—勐拉口岸亦是互不相通,两口岸之间的联系基本不存在。因此这些部门的边界效应值都很大。在勐拉—打洛跨界旅游区中,MLG_3(100%)、MLT_1(100%)、MLT_2(100%)、MLC_1(100%)、MLC_2(100%)位于前 5 名,分别是勐拉口岸的边检、酒店、社区。在大其力—美赛跨界旅游区中,$DQLT_1$(100%)、$DQLT_2$(100%)、$DQLC_1$(100%)、$DQLC_2$(100%)位于前 4 名,分别是大其力口岸的酒店和社区组织。

(三) 泰国边境口岸节点边界效应

从表 6-2 中所示的泰国美赛、清孔口岸节点边界效应来看,美赛—大其力与清孔—会晒跨界的边界效应取值位于 [0,1] 区间,MST_1、MST_2、MSC_1、MSC_2、MSG_3 的取值最大都为 100%,QKG_3、QKT_1 最小为 0%。由于国境线的存在,同时人员通行口岸的关闭,泰国的企业与社区旅游经营组织与缅甸的组织基本无信息交流。而泰国与老挝的畅通程度则非常高,因此在这种情况下,清孔的边检部门和旅行社与老挝相关部门存在频繁的信息交流。在清孔—会晒跨界旅游区中,QKC_1(50%)、QKC_2(50%)位于前2名,分别是清孔口岸的社区农家乐和社区民宿。在美赛—大其力跨界旅游区中,MSG_3(100%)、MST_1(100%)、MST_2(100%)、MSC_1(100%)、MSC_2(100%)位于前5名,分别是美赛口岸的边检部门、酒店、农家乐和民宿。

(四) 老挝边境口岸节点边界效应

从表6-2中所示的老挝边境口岸节点边界效应中来看,会晒—清孔与磨丁—磨憨跨界的边界效应取值位于[0,1]区间,会晒口岸中,除了HST_1的节点边界效应为0%,其余六个部门都为50%。磨丁口岸中,MDC_1、MDC_2最大为100%,MDG_3、MDT_1最小为33.33%。说明边界的阻滞效应差距较大。HST_1是一家旅行社,同会晒口岸之间的旅游业务较多,信息交流密切;MDC_1、MDC_2分别是磨丁口岸的社区农家乐和民宿,与磨憨口岸基本不发生交流,受到边界的阻滞效应显著。在会晒—清孔跨界旅游区中,会晒口岸的政府单位、酒店、社区农家乐和社区民宿为50%。在磨丁—磨憨跨界旅游区中,MDC_1(100%)、MDC_2(100%)位于前2名,分别是磨丁口岸的农家乐和民宿。

表6-2 中老缅泰边境口岸节点边界效应

邻国	相邻口岸名称	节点边界效应
中老边境口岸	磨憨—磨丁(MH-MD)	-20.00%
	磨丁—磨憨(MD-MH)	0.00%
中缅边境口岸	打洛—勐拉(DL-ML)	100.00%
	勐拉—打洛(ML-DL)	100.00%
泰老边境口岸	磨憨—清孔(MH-QK)	20.00%
	清孔—磨憨(QK-MH)	66.67%
	磨丁—清孔(MD-QK)	33.33%
	清孔—磨丁(QK-MD)	83.33%

续表

邻国	相邻口岸名称	节点边界效应
泰老边境口岸	会晒—美赛（HS-MS）	0.00%
	美赛—会晒（MS-HS）	100.00%
	清孔—会晒（QK-HS）	33.33%
	会晒—清孔（HS-QK）	0.00%
	磨丁—美赛（MD-MS）	33.33%
	美赛—磨丁（MS-MD）	100.00%
泰缅边境口岸	美赛—勐拉（MS-ML）	66.67%
	勐拉—美赛（ML-MS）	100.00%
	美赛—大其力（MS-DQL）	33.33%
	大其力—美赛（DQL-MS）	100.00%
	清孔—勐拉（QK-ML）	66.67%
	勐拉—清孔（ML-QK）	100.00%
	清孔—大其力（QK-DQL）	66.67%
	大其力—清孔（DQL-QK）	100.00%

二、边界效应类型分析

选取中老缅泰边境 8 个口岸，根据其地理位置划分为勐拉—打洛、美赛—大其力、会晒—清孔、磨憨—磨丁一共 4 条边界线，每条边界线两侧的口岸作为网络节点。根据边境地区存在的"连而不通""通而不畅"和"互联互通"三种现实，本研究将 WBE≤30% 视为扩散效应显著，WBE<50% 视为扩散效应较显著，50%≤WBE≤80% 视为集聚效应较显著，WBE>80% 视为阻滞效应显著。总体上，节点边界效应 NBE 值都介于 0 到 1 之间，同时同一条边界两侧的节点边界效应是有差异的，本研究将 NBE>10% 视为差异明显，5%≤NBE≤10% 视为差异较明显，NBE<5% 视为基本无差异。相关的边界效应类型如表 6-3 所示。

表6-3 中老缅泰边境口岸跨境旅游区边界效应类型

边界	整体边界效应 WBE	边界效应类型	双侧口岸	节点边界效应 NBE
勐拉—打洛	88.10%	阻滞效应显著	勐拉	95.24%
			打洛	80.95%
美赛—大其力	71.43%	集聚效应显著	大其力	76.19%
			美赛	66.67%
会晒—清孔	47.62%	扩散效应较显著	会晒	50.00%
			清孔	45.24%
磨憨—磨丁	29.76%	扩散效应显著	磨丁	30.95%
			磨憨	28.57%
中国—老挝—泰国—缅甸	59.23%	集聚效应显著		

资料来源:作者整理。

(一)"连而不通"的中缅边境打洛—勐拉口岸

阻滞效应是指在边界中起到负向作用,阻碍边境旅游发展的影响类型。阻滞效应的最大特点是"连而不通",即边界线相连但双边旅游活动互不往来,表现为边界的阻碍作用大于推动双边活动交往的作用。经测算,打洛—勐拉边界的整体边界效应 WBE 值为88.10%,阻滞效应显著。对勐拉口岸与打洛口岸节点边界效应进行比较,发现前者的 NBE 值比后者的 NBE 值大14.29%,差值超过10%,即中缅边境的打洛—勐拉口岸之间的节点边界效应存在较大差异。也就是说,相对于勐拉口岸而言,打洛口岸受到边界的阻滞效应更为明显。结合对两边口岸的调查,发现产生这种现象的主要原因有两个:一是中缅边境的安全问题较为突出,由于勐拉属于缅甸第四特区,地方政府拥有较高的自治权,走私、毒品、赌博等中国法律禁止的活动却在边界的另一端盛行,因此,中国加强了对出入境人员往来、边境旅游的管理;二是社会经济发展水平差异,中国的社会经济发展水平高于缅甸,巨大的客源市场产生了旺盛的边境旅游需求,打洛口岸的独树成林景区、218 界碑成为边境旅游吸引物,而缅甸边境一带的游客不多,加上勐拉特区与缅甸政府关系紧张,口岸产生的阻碍作用较为明显。因此,中缅边境的打洛—勐拉口岸边界属性表现为"连而不通",边界效应表现为阻滞效应。

(二)"互联互通"的中老边境磨憨—磨丁口岸

扩散效应与阻滞效应是边界效应中的两个完全相反的效应类型,其边界属性表现为"互联互通",指的是边界两侧的社会往来较为通畅。经测算,磨憨—磨丁口岸的整体边界效应值为 29.76%,小于本研究界定的 30%值,扩散效应显著。对磨憨口岸与磨丁口岸节点边界效应进行比较,发现后者比前者小 2.38%,NBE 的差值小于 5%,口岸两侧的节点边界效应存在较小差异。也就是说,由于边界的"互联互通"属性作用,使得边界两侧的阻碍较小。2012年,磨憨口岸被批准为省级边境经济合作区,2013 年,正式开始建设中老磨憨—磨丁跨境经济合作区,同时老挝在磨丁也设立了经济特区。得益于"一带一路"建设,中国的第一条国际高速公路——昆曼国际高速公路从磨憨通过。近年来,从这条国际大通道前往老挝、泰国自驾游的中国人日益增加,并逐渐发展成为"跨境自驾黄金旅游线路"[①]。在磨憨—磨丁口岸,中国和老挝的经济建设与开放政策对边境口岸的畅通性产生重要影响,边界节点的社会网络联系较为密切,"互联互通"的边界属性使边界效应表现为扩散效应。

(三)"通而不畅"的泰缅边境美赛—大其力口岸

集聚效应是介于扩散效应与阻滞效应之间的一种边界效应,即边境相通

---

① 余繁:《云南对跨境旅游合作区建设的认识、设想和建议》,《旅游研究》2016 年第 8 期。

但旅游活动并不通畅,旅游流在边界的一边或两边实现聚集,其边界属性表现为"通而不畅"。经测算,泰缅边境的美赛—大其力口岸的整体边界效应值为71.43%,集聚效应显著。美赛口岸的节点边界效应值比大其力口岸的节点边界效应值大9.52%,介于5%—10%之间。泰国的美赛口岸与缅甸的大其力口岸并称为美赛河畔的"双子镇",拥有大金塔、缅王雕像、一城两国的景观。由于两国口岸紧邻,这里的泰国国门、缅甸国门、界河、界桥等成为吸引游客前往的观光点。大其力曾是"金三角"的中心城市,由缅甸掸邦控制,拥有地方武装。美赛—大其力口岸的边境旅游客源主要来自泰国,由于缅甸掸邦特区对毒品、博彩等非法活动的纵容,泰国的美赛口岸经常关闭通行,并禁止游客出境,游客只能在美赛一侧观光旅游。近年来随着口岸两端旅游业的兴盛,美赛口岸也会允许游客前往大其力,但须缴纳签证费并抵押护照,当日必须返回。因此,泰缅边境的美赛—大其力口岸边界属性表现为"通而不畅",边界效应表现为集聚效应。

(四)"互联互通"的老泰边境会晒—清孔口岸

与中老边境的磨憨—磨丁口岸相似,老泰边境的会晒—清孔口岸的整体边界效应值为47.62%,表现为扩散效应较显著。会晒口岸的节点边界效应值比清孔口岸的节点边界效应值大4.76%,NBE的差值小于5%,口岸两侧的节点边界效应差异较小,与磨憨—磨丁口岸同属"互联互通"的扩散效应。清孔是泰国清迈府的一个县,与老挝会晒口岸隔河相望,是游客进入老挝的聚集门户。湄公河上每天都有大量的船只往返于两个口岸,从这里可以乘船到达老挝著名的旅游城市琅勃拉邦,或进入中国的景洪港。每年有大量的欧美背包客沿着泰国的清迈、清孔到老挝会晒、万荣等地旅游,由于游客办理签证、出入境较为便利,老泰边境的会晒—清孔口岸成为"互联互通"的边境口岸。

三、社会网络结构分析

(一) 网络中心性分异特征明显

中心性是对个体在网络中权力地位的量化分析,反映出关系网络的均衡性。通过计算 8 个两两对应的 56 个口岸节点的程度中心性,可以发现各个节点的程度中心性差异明显。程度中心性最高的节点分别是清孔口岸的 QKT_1、QKG_3,磨憨口岸的 MHG_3、MHT_2、MHT_1,磨丁口岸的 MDT_1、MDG_3 及会晒口岸的 HST_1。程度中心性最小的则是打洛口岸的 DLC_1、DLC_2、DLT_2 和勐拉口岸的 MLT_2、MLC_1、MLC_2。说明磨憨口岸的 8 个节点在关系网络中联系较为紧密、中心性较强、传输作用较强。而对于打洛和勐拉口岸的村寨、住宿、餐饮和酒店而言,边界的存在产生了较显著的阻滞效应,严重影响了双边村寨居民在旅游资源开发和经营管理中的交往与联系,导致其在关系网络中联系极少(见表6-4)。

表6-4　中老缅泰边境口岸节点程度中心性

节点名称	程度	程度中心性	份额	节点名称	程度	程度中心性	份额
QKT_1	13	23.6	0.023	MHG_2	10	18.1	0.018
MHT_2	13	23.6	0.023	QKC_1	10	18.1	0.018
QKG_3	13	23.6	0.023	$DQLG_3$	10	18.1	0.018
MHG_3	13	23.6	0.023	MSG_3	10	18.1	0.018
MHT_1	13	23.6	0.023	$DQLG_2$	10	18.1	0.018
MDT_1	13	23.6	0.023	MLG_2	10	18.1	0.018
HST_1	13	23.6	0.023	MLG_3	10	18.1	0.018
MDG_3	13	23.6	0.023	DLG_1	9	16.3	0.016
QKT_2	12	21.8	0.021	MSC_1	9	16.3	0.016
MDT_2	12	21.8	0.021	DLG_2	9	16.3	0.016

节点名称	程度	程度中心性	份额	节点名称	程度	程度中心性	份额
HST_2	12	21.8	0.021	$DQLT_2$	9	16.3	0.016
MST_1	12	21.8	0.021	$DQLG_1$	9	16.3	0.016
MDC_1	11	20	0.02	MLG_1	9	16.3	0.016
QKG_1	11	20	0.02	MSG_1	9	16.3	0.016
HSG_2	11	20	0.02	DLT_1	9	16.3	0.016
MDC_2	11	20	0.02	MSG_2	9	16.3	0.016
MDG_2	11	20	0.02	DLG_3	9	16.3	0.016
MDG_1	11	20	0.02	$DQLC_2$	8	14.5	0.014
MHC_1	11	20	0.02	$DQLC_1$	8	14.5	0.014
MHG_1	11	20	0.02	MSC_2	8	14.5	0.014
HSG_3	11	20	0.02	MST_2	8	14.5	0.014
HSG_1	11	20	0.02	MLT_1	7	12.7	0.013
MHC_2	11	20	0.02	DLC_1	6	10.9	0.011
$DQLT_1$	11	20	0.02	DLC_2	6	10.9	0.011
HSC_1	11	20	0.02	DLT_2	6	10.9	0.011
QKG_2	10	18.1	0.018	MLT_2	6	10.9	0.011
QKC_2	10	18.1	0.018	MLC_1	6	10.9	0.011
HSC_2	10	18.1	0.018	MLC_2	6	10.9	0.011

资料来源:作者整理。

(二)整体网络关联密度较高

为了更直观地对研究区域中的 8 个对应口岸进行可视化研究,本研究根据所收集问卷构成的网络结构评价数据库,将其转化为二分矩阵,利用社会网络分析软件 Ucinet 中的 NetDraw 可视化程序,将打洛—勐拉、磨憨—磨丁、美赛—大其力、会晒—清孔 4 个两两对应口岸的关系网络绘制成社会网络结构图。由于不同的边界效应对双边口岸产生的社会网络及关系影响不同,各节点的连接数及网络密度形成差异。中心性的大小在图中的表现即为节点形状的大小,形状越大表示中心性越大,也就是该节点在关系网络中具有的关系数量越多,核心地位越突出。网络图的密度可以用于测量两两对应口岸之间旅游资源开发和经营管理联系的紧密程度,网络密度越高,对应口岸之间节点的联系程度越高。图6-2中,中国口岸形状为正方形,老挝口岸形状为正三角形,缅甸口岸形状为圆形,泰国口岸形状为倒三角形。

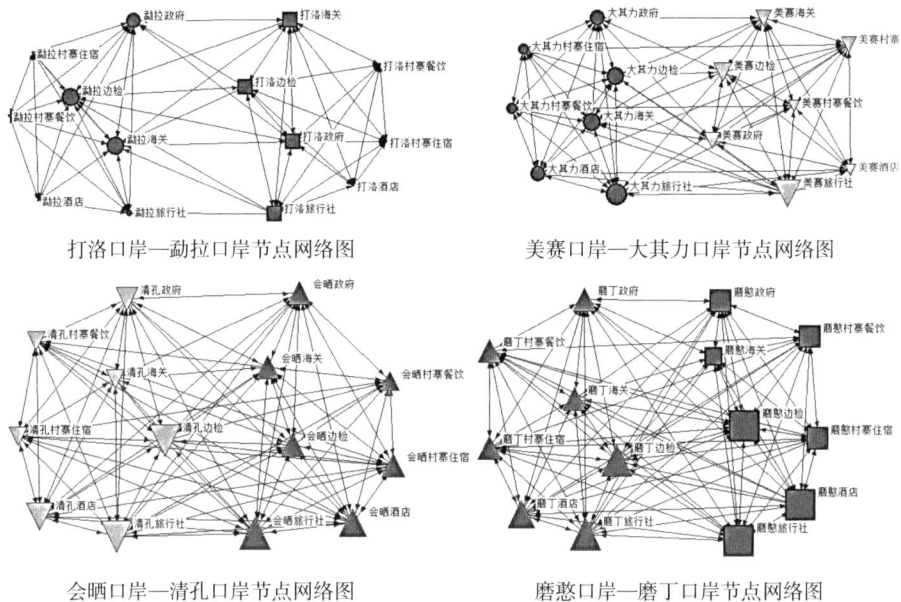

打洛口岸—勐拉口岸节点网络图

美赛口岸—大其力口岸节点网络图

会晒口岸—清孔口岸节点网络图

磨憨口岸—磨丁口岸节点网络图

图6-2 中老缅泰边境口岸社会网络图

在中老缅泰8个口岸形成的4张节点网络图中,磨憨口岸节点对磨丁口岸节点的跨国界交流连接数为37,磨丁口岸节点对磨憨口岸节点的跨国界交流连接数为28,说明中老边境和泰老边境的社会关系网络关联密度较高,社会网络具有较高通达度。中国与老挝、泰国与老挝就旅游资源开发、经营管理、环境保护等跨境合作和信息交流较为频繁,促进了边境旅游的发展。相对而言,打洛口岸各节点对勐拉口岸各节点的跨国界交流连接数为12,大其力口岸节点对美赛口岸节点的跨国界交流连接数为13,说明中缅边境和泰缅边境的社会关系网络较为疏松,口岸互动性较弱,可归结为边界对其产生的阻滞效应明显。

(三) 个体网络结构差异显著

就单个网络图来看,每幅网络图呈现的状态差距较为显著。中缅边境打洛—勐拉口岸的网络节点关系较为稀疏,链接密度不高。打洛口岸的海关、边检及旅行社在关系网络中地位较重要,中心度较高,处于核心位置。由于缅甸特区政府管理等特殊原因,中国的游客只能聚集在打洛口岸一侧,旅游活动难以深入。在泰缅边境的美赛—大其力口岸,边境旅游活动能够渗透到边界两侧,口岸的网络节点关系变得紧密。但两个口岸在旅游资源开发、经营管理、环境保护等工作中以泰国的美赛口岸节点为主导,导致边境线两侧的供给与需求不平衡。在泰老边境的会晒—清孔口岸、中老边境的磨憨—磨丁口岸,网络结构图表现为个体密度较高、节点关联程度强、关系网络格局稳定。在中老、老泰口岸,边境旅游和跨境自驾游发展较为完善。两国客源市场相互流动,景区景点互动。因此,这两处地区的扩散效应显著,扩散效应的存在带来了双边扩散这一状态,即边境旅游活动能够顺利地越过边境线并在两国一定范围内活动。

第三节　研究发现

一、边界效应类型影响

(一) 边境口岸的社会网络关系类型

边境旅游的社会网络关系主要表现为"连而不通""通而不畅"和"互联互通"三种类型。本研究的结果显示,中缅边境的打洛—勐拉口岸之间的节点边界效应存在较大差异,表现为"连而不通",即边境旅游活动主要在边境口岸一侧开展,旅游活动难以深入。其特点是:边境旅游地区空间范围狭窄,社会网络关系较为简单;客源市场单一,仅以单边近程市场为主;旅游业脆弱性高,易受两国政治关系影响,旅游经济波动明显;口岸两边的业务部门交流较少,旅游活动各自为阵。中老边境的磨憨—磨丁口岸之间的节点边界效应差异较小,表现为"互联互通",边境旅游活动较为通畅并可进入对方国家腹地。一方面旅游基础设施将两国旅游景区景点联结在一起形成旅游圈;另一方面旅游产业链及服务体系较为完善,边境区域的经济联系和旅游活动范围扩大,形成边境区域旅游集散中心,并带动两国经济发展。同时,在双边特定区域内,边防安检、通关手续便利,游客或当地居民出入境方便。泰缅边境的美赛—大其力口岸的节点边界效应介于5%—10%之间,表现为"通而不畅",即边境口岸可以通行,但旅游活动并不通畅。其特点是:两国边境社区居民间的交往活动较为通畅,但对旅游活动有限制;边防安检、通关手续较为繁琐;边境安全、文化差异、地区政策成为制约社会网络关系发展的因素。

(二) 边境旅游的边界效应类型

边境旅游的边界效应可分为阻滞效应、集聚效应和扩散效应三种类型。政治地理学派将边界效应划分为"屏蔽效应"和"中介效应"(Clark T.,1994),而经济地理学派主要探讨边界对跨界经济行为的影响(Helliwell,1997)。本书通过对中老缅泰8个边境口岸的社会网络调查发现,"连而不通"的封闭型边界产生阻滞效应,表现为边界相通但边境旅游活动不通畅;"互联互通"的开放型边界产生扩散效应,表现为边境旅游活动空间范围向双方国家腹地扩展,旅游活动对双边关系产生重要影响;"通而不畅"的半封闭型边界产生集聚效应,表现为边界相通但边境旅游活动不通畅。边界效应的三种类型划分,为边境旅游研究提供了新的视角,对边境旅游发展中的发展不平衡现象、治理问题提供了新的思路。

（三）中老缅泰边境口岸的社会网络特征

通过对中老缅泰 4 个国家 8 个边境口岸的社会网络结构图的研究,发现中老缅泰边境口岸的社会网络特征表现为:网络中心性分异特征明显、整体网络关联密度较高、个体网络结构差异显著。跨越边境的旅游活动开展较多的地区中,边境口岸跨边界维度层级较高、网络结构复杂,个体网络密度也就越高。在研究区域中,随着昆曼国际公路的贯通,中老和老泰边境的跨境自驾游发展势头迅猛,个体网络紧密度高,稳定性较强;中缅、泰缅边境地区由于缅甸特区的政治、经济及与缅甸政府间的关系紧张等原因,边境旅游发展极不平衡,社会网络密度松散,打洛—勐拉口岸经济发展受边境政策影响严重。

二、边境旅游发展水平

（一）边界功能差异产生不同效应

以往的研究认为边界效应对两国间的边境贸易、政治关系、边境社区产生重要影响,但这些相关研究忽略了在边境旅游活动中边界是如何作为社会交往的一部分,又是如何发挥作用的。因此,边界对旅游活动的吸引性和阻滞性没有得到足够的重视。为了克服传统上依赖于边境贸易数据对边界效应的研究,本研究借助社会网络理论与分析方法,通过对中老缅泰边境口岸进行社会调查,将边境口岸间的人文互访、社交往来、旅游线路等"关系节点"视为研究对象。研究发现,由于边境旅游地区的社会网络关系的不同,边界存在"连而不通""通而不畅""互联互通"三种差异,并对边境旅游活动产生阻滞效应、集聚效应和扩散效应。

（二）边界具有人文交往的"隐性"特征

通过对中老缅泰边境口岸的社会调查,选取 8 个两两对应的边境口岸,经测算比较,发现中缅边境的打洛—勐拉口岸的阻滞效应较为显著,中老边境的磨憨—磨丁口岸的扩散效应显著,泰缅边境的美赛—大其力口岸的集聚效应显著。由此可见,边界除了具有"显性"的区别,即国家主权的政治属性和军事属性,还具有"隐性"特征,即代表人文交往关系的社会属性。这一点,从边界效应对边境旅游地区的影响上可以明显发现。

(三) 跨越边境活动促进社会网络联系

通过对中老缅泰4个国家8个边境口岸的社会网络结构图的研究,发现中老缅泰边境口岸的社会网络特征表现为:网络中心性分异特征明显、整体网络关联密度较高、个体网络结构差异显著。跨越边境的旅游活动开展较多的地区中,边境口岸跨边界维度层级较高、网络结构复杂,个体网络密度也就越高。在研究区域中,随着昆曼国际公路的贯通,中老和老泰边境的跨境自驾游发展势头迅猛,个体网络紧密度高,稳定性较强;中缅、泰缅边境地区由于缅甸特区的政治、经济及与缅甸政府间的关系紧张等原因,边境旅游发展极不平衡,社会网络密度松散,打洛—勐拉口岸基本无法进行跨境旅游活动。

第七章 边境旅游地边界效应评价

中国边境旅游地的阻滞效应和集聚效应较为突出,扩散效应较少。通过雷达图评价中国边境旅游地的边界效应,共有 16 个阻滞效应类边境旅游地、25 个集聚效应类边境旅游地、4 个扩散效应类边境旅游地。通过向量自回归模型对国内外旅游流的边界效应进行动态评价,发现中国边境旅游地的入境旅游流呈现低敏感型边界效应,国内旅游流呈现高敏感型边界效应。本章立足于中国 45 个边境旅游地的实际情况,揭示了当前中国边境旅游所处的发展阶段与发展特点,为进一步探索边境旅游地的边界效应类型和发展模式提供了思路。

第一节 研究设计

一、评价指标

边境旅游地是多种矛盾共存的空间。边界效应中边界要素的作用发挥也是综合性的,通常情况下随着时间和空间的不断变化,边境旅游地的边界效应并非一成不变,而是不断演化。边界功能呈现多维度性,各个维度对边界效应产生作用和影响。边界既是边境旅游的吸引物和接触面,又是流通限制和阻隔面,这种引力和阻力造成了跨界流动和边界阻滞同时存在、同时发生的现象。[①]　一方面,边界凸显了差异,创造出机会;另一方面,边界形成了障碍,带来了风险。在与机会和风险的博弈中,反映出当前边界渗透属性与阻隔属性共存的特征。因此在确定边界效应评价指标以衡量边界状态、反映边界塑造的过程中,必须同时兼顾边界阻滞要素和吸引要素。基于此,本研究认为经济边界、政治边界、地理边界发挥着边境旅游地的阻碍或渗透功能,旅游资源与政策则发挥着边境旅游地的吸引或扩散功能。

(一) 经济边界

经济边界对边境社会的塑造过程表示经济意义上的边界对边界两侧社会发展存在着不同程度的影响。经济差距越大,越不利于边境两侧的旅游交流,边界的阻滞作用越强。由于边境旅游所涉及的国家和地区之间存在经济体量上的不对等,因此,可以借鉴宋涛等人(2017)使用的计算方法[②],采用邻国人均 GDP 与边境地区人均 GDP 之比作为经济差距指标,用以评价边境地区开展边境旅游的市场基础与供应条件。

(二) 政治边界

政治边界代表相邻两国间的政治关系和影响力大小,稳定的国际环境对边境旅游有着支持作用。两国的政治关系越好,表示边境旅游的发展存在更多的机会。本研究采用潘镇(2015)、凌丹(2017)、王金波(2018)使用的方法,对政治边界要素进行赋值。若两国属于战略伙伴关系,则赋值为 3,若属于伙伴关系,则赋值为 2,若两国建交但非伙伴关系则赋值为 1,尚未建交则赋值为 0,数字越大表示中国与邻国的外交关系越好,有一定的共同利益并可能继续

---

① 吴寅姗等:《当代全球化背景下的边界和边界景观》,《地理科学进展》2017 年第 36 期。
② 宋涛等:《中国边境地缘经济的空间差异及影响机制》,《地理学报》2017 年第 72 期。

开展合作。①

（三）地理边界

地理边界具有较强的稳定性，但边境口岸作为开放的窗口，成为边界渗透的重要通道。口岸是两国交流的重要通道，没有边境口岸的边界便是封闭的边界，旅游者无法越过边界。对于边境旅游地而言，口岸的规模和开放程度决定着流量往来的规模和大小。因此，本研究采用国家级公路口岸数量作为地理边界指标，讨论边境旅游地的开放程度，口岸数量越多，表明边境地区对外交流的机会越丰富。

（四）旅游资源

旅游资源是旅游行为的重要吸引力量，对于边境旅游地而言，旅游资源既包括一般的自然旅游资源、人文旅游资源，也包括边境旅游资源。边境地区的口岸、国门、边界线等景观可以转化为旅游资源，最终构成边境旅游地的边境旅游吸引物体系。边境旅游地的旅游资源越丰富，边界的吸引效应越强。本研究采用 A 级景区数量综合加权计算边境旅游地的资源丰度，以表现旅游资源的吸引力，A 级景区赋值为 0.1，AA 级景区赋值为 0.2，AAA 级景区赋值为 0.3，AAAA 级景区赋值为 0.4，AAAAA 级景区赋值为 0.5[2]，计算公式为：

$$Atr_j = 0.1 \times atr_{1a} + 0.2 \times atr_{2a} + 0.3 \times atr_{3a} + 0.4 \times atr_{4a} + 0.5 \times atr_{5a}$$

（五）政策优惠

由于边境旅游地具有边界和旅游的双重敏感性，边境地区对环境稳定的

---

① 凌丹、朱方兰、胡惟璇：《OFDI 对中国产业比较优势动态升级的影响——全球价值链分工视角》，《科技进步与对策》2017 年第 34 期。

② 穆学青、郭向阳、明庆忠：《边境地区旅游强度时空演化特征分析》，《经济地理》2019 年第 39 期；程艺等：《中国边境地区外向型经济发展空间分异及影响因素》，《经济地理》2016 年第 36 期。

要求较高,政策的发展对于引导边境旅游地而言至关重要。一方面,优惠政策可以传递安全稳定的发展信号;另一方面,优惠政策表示着对资本的吸引和政府的发展态度,有助于活跃边境旅游市场,丰富边境旅游供给。本研究借鉴李广东和方创琳(2014)使用的方法,整理边境地区的优惠政策。地区优惠政策的计算主要根据各地区的经济特区、边境经济合作区、国家综合配套改革试验区、国家级经济技术开发区、保税区等进行综合计算获得。[①]

表 7-1　边界效应评价指标

指标	指标表示	数据
旅游流动	入境旅游流($T1$)	边境旅游地接待海外游客数量
	国内旅游流($T0$)	边境旅游地接待国内游客数量
边界要素	经济边界(GDP_{ij})	GDP_i/ GDP_j
	政治边界(Rel_{ij})	两国合作关系
	地理边界($Port_{ij}$)	口岸数量
	旅游资源(Atr_j)	边境旅游地旅游资源丰度
	政策优惠(Pol_j)	边境旅游地合作区建设

二、评价数据

(一) 样本选择

中国与朝鲜、俄罗斯、蒙古、哈萨克斯坦、吉尔吉斯斯坦、塔吉克斯坦、阿富汗、巴基斯坦、印度、尼泊尔、不丹、缅甸、老挝、越南 14 个邻国接壤,陆路边界线长达 2.28 万公里。中国有黑龙江、吉林、辽宁、内蒙古、甘肃、新疆、西藏、云南、广西 9 个边境省份,占地约 354 万平方公里,约占国土面积的 36.9%,地理

[①]　李广东、方创琳:《中国县域国土空间集约利用计量测度与影响机理》,《地理学报》2014年第 69 期。

上涉及东西南北,气候、生态、地形等自然条件多样,域内差异巨大。对于边境旅游地而言,边境省份的范围尺度过大,部分地区实际上远离边境,并不能作为边境旅游目的地。但以行政区为单位便于获取数据,符合中国的行政区管理制度,也符合旅游目的地建设的实际情况。考虑到这种情况,本研究选取45个边境地级行政区作为研究样本。

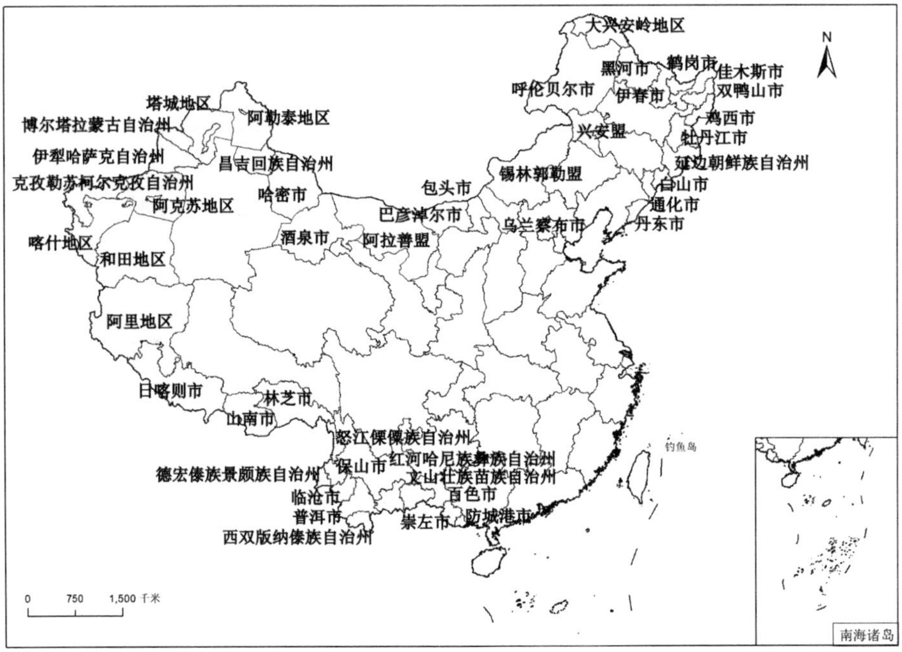

图 7-1　中国边境旅游地

（二）数据来源

本研究选取2009—2018年间中国45个边境地级行政区及中国的14个邻国的面板数据作为研究基础。邻国人均GDP数据来自世界银行数据库,边境地级行政区人均GDP、地区入境旅游人数、地区旅游收入数据来源于各省2010—2019年的统计年鉴和各地区统计公报,政治关系数据来自中国外交部,边境陆路口岸数据来源于《中国口岸统计年鉴》及中国口岸协会,旅游资源数据来源于各地区统计公报及 A 级景区名录,地区优惠政策基于新闻报道和作者整理。

（三）　数据处理

由于数据指标体量及单位差别较大,数据处理部分主要涉及汇率换算以及数据非负化、标准化和对数处理。数据中涉及汇率换算的部分采用当年全年的平均汇率进行换算。数据的非负化、标准化处理采用 $min-max$ 功效函数,并采用方世巧等(2012)使用的方法对功效函数进行非负化处理①,经济差距指标($\ln^{GDP_{ij}}$)为负指标,其他指标皆为正指标,为便于统计计算,现都处理为正指标,并进行标准化,计算公式如下:

$$x_i^{'} = \frac{x_i - min\{x_i\}}{max\{x_i\} - min\{x_i\}} + 1（具有正功效）$$

$$x_i^{'} = \frac{max\{x_i\} - x_i}{max\{x_i\} - min\{x_i\}} + 1（具有负功效）$$

进一步考虑变量的发展趋势,采用关雪凌和丁振辉(2012)使用的方法,消除量纲影响,在标准化的基础上进一步取对数处理,使其符合正态分布②,形成变量 $\ln^{inc_{ij}}$、$\ln^{GDP_{ij}}$、$\ln^{Rel_{ij}}$、$\ln^{Port_{ij}}$、$\ln^{Atr_j}$、$\ln^{Pol_j}$。

三、评价方法

（一）　雷达图综合评价

综合评价(Comprehensive Evaluation,CE)是指对以多属性体系结构描述的对象系统作出全局性、整体性评价的方法。根据刘陈和翟丹妮(2001)使用的对雷达图的综合评价法,引入雷达图的特征向量,对边境旅游地边界效应进

---

① 方世巧等:《基于百度搜索的西安市 A 级景区信息与旅游流耦合分析》,《干旱区资源与环境》2012 年第 26 期。

② 关雪凌、丁振辉:《日本产业结构变迁与经济增长》,《世界经济研究》2012 年第 7 期。

行综合评价,反映边界效应的综合表现及其发展情况。[①] 将雷达图的面积 s 和周长 l 作为雷达图的特征量,即 $u=(s,l)$,评价向量 $v=(v_1,v_2)$ 的定义如下:

$$v_1 = \frac{s_i}{Max(s_i)} \tag{1}$$

$$v_2 = \frac{4\pi s_i}{l_i^2} \tag{2}$$

其中,$v_1,v_2 \in [0,1]$,s_i 表示每个边境旅游地每年表现出各边界效应指标组合成的雷达图面积,v_1 表示该年该边境旅游地边界效应雷达图面积的相对大小,v_2 表示边境旅游地边界效应雷达图面积与具有相同周长的圆的比值,作为边界各个效应综合发展程度的评价。进一步取二维评价向量的几何平均值为评价函数,根据评价函数可获得中国 45 个边境旅游地边界的综合指标$f(v_1,v_2)$,公式如下:

$$f(v_1,v_2) = \sqrt{v_1 \times v_2} \tag{3}$$

(二) 动态发展评价

采用向量自回归(VAR)模型可以对边界综合效应指标和旅游流之间的互动关系进行分析检测。Chamberlain(1983)、Douglas Holtz-Eakin(1988)、Peasran & Smith(1995)在向量自回归(VAR)模型的基础上建立并完善了面板向量自回归(PVAR)模型[②],构建了适用于小 N 大 T 的模型,后经不断改进和完善,PVAR 模型逐渐成熟,成为分析冲击—响应的重要方法之一。[③] 利用PVAR 模型分析边界效应对边境旅游流的综合影响过程,以及边界变化对边境旅游地国内旅游流、入境旅游流的脉冲响应过程。

---

① 郑惠莉、刘陈、翟丹妮:《基于雷达图的综合评价方法》,《南京邮电学院学报(自然科学版)》2001 年第 2 期。

② D.Holtz-Eakin,W.Newey,H.S.Rosen,"Estimating Vector Autoregressions with Panel Data", *Econometrica*,Vol.56,No.6,1988,pp.1371-1395.

③ M.R.M.Abrigo,I.Love,"Estimation of Panel Vector Autoregression in Stata",*The Stata Journal*,Vol.16,No.3,2016,pp.778-804.

第二节　评价分析

一、边界效应评价

雷达图可以用来比较若干个数据序列指标的差异和综合情况,每项指标有一个独立的单一数值轴,各项指标的程度在围绕中心点分布的坐标轴上通过折线连接,形成多边形,可以通过图形直观地比较各项指标的发展程度。[①]采用雷达图综合评价法,选择 2009—2018 年间 45 个边境旅游地边界要素各项指标的平均发展程度,对中国边境旅游地的边界效应进行评价。根据前文研究,边界效应包括阻滞效应、集聚效应、扩散效应。

(一) 阻滞效应类边境旅游地

封闭型边界限制或阻碍流动。边界作为权力的界限,在一定程度下增加了跨境成本。政治主权对于边界的作用高于经济发展对于边界的作用,边界增加了交易的时间、材料等成本;合同制度和商业贸易等具有明显的地区性,难以跨越边界;同时,关税、语言和社会风俗的差异、存在或潜在的政治争端和军事冲突,抑制了跨境贸易和生产,最终边界造成了经济市场的割裂。对于边境旅游者、跨境旅游者而言,更需要关注边境地区与另一侧国家的政治制度、汇率关税、边检手续、可停留时间等众多要素,但由于封闭型边界受到边境地区跨境困难、邻国政治局势动荡、两国关系恶化、边境地区出现重大突发事件等因素的干扰,直接影响到旅游需求,进而阻碍旅游流动。

从指标而言,经济边界、政治边界、地理边界的阻滞作用的效果强于政策、资源的作用,因此,阻滞效应在雷达图中表现为上端收缩形态。中国 45 个边

---

① 付赟、方德英:《雷达图法在综合评价中的应用研究》,《统计与决策》2007 年第 24 期。

境旅游地中,共有 16 个主要表现为阻滞效应(见图 7-2),较为典型的地区包括西藏的林芝市、山南市、阿里地区,新疆的和田地区、克孜勒苏柯尔克孜自治州,内蒙古的兴安盟、乌兰察布市,黑龙江的伊春市,吉林的通化市等。

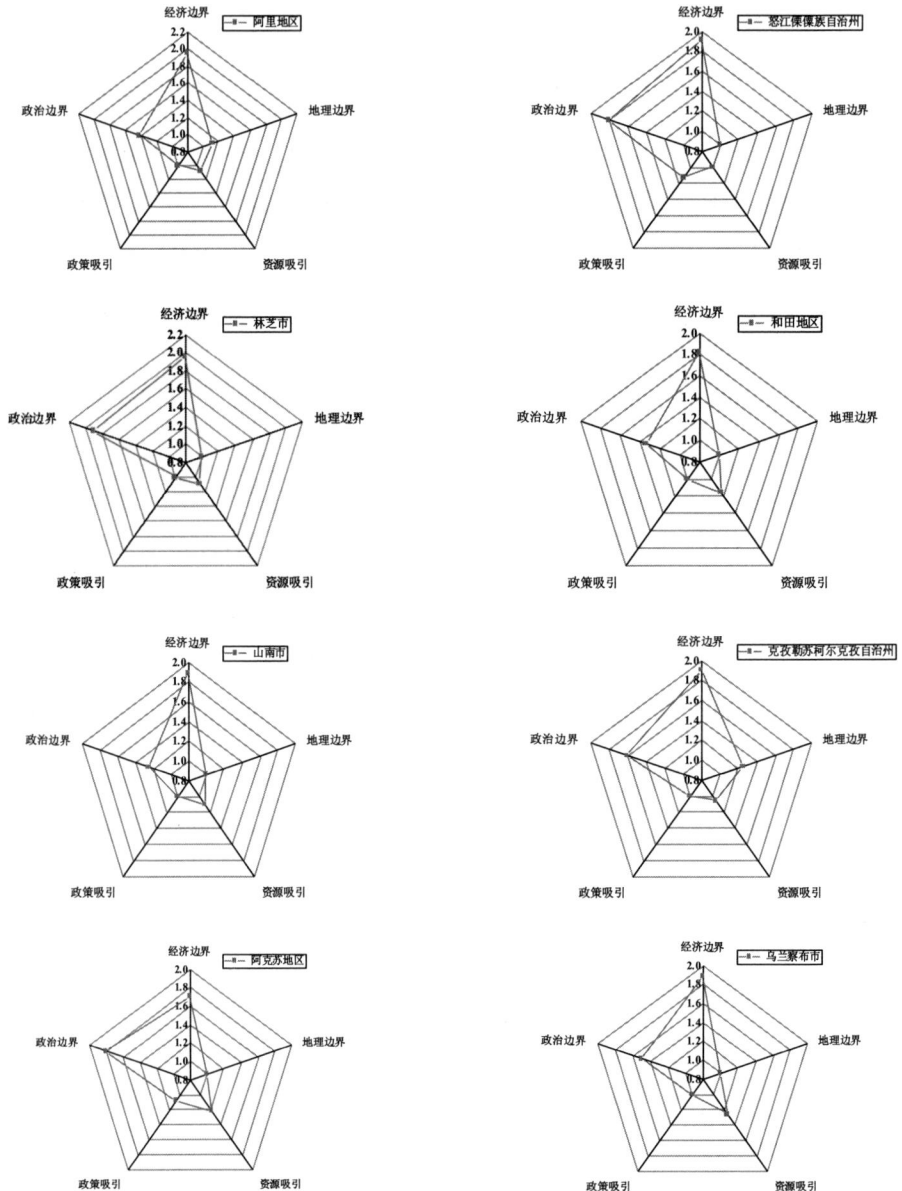

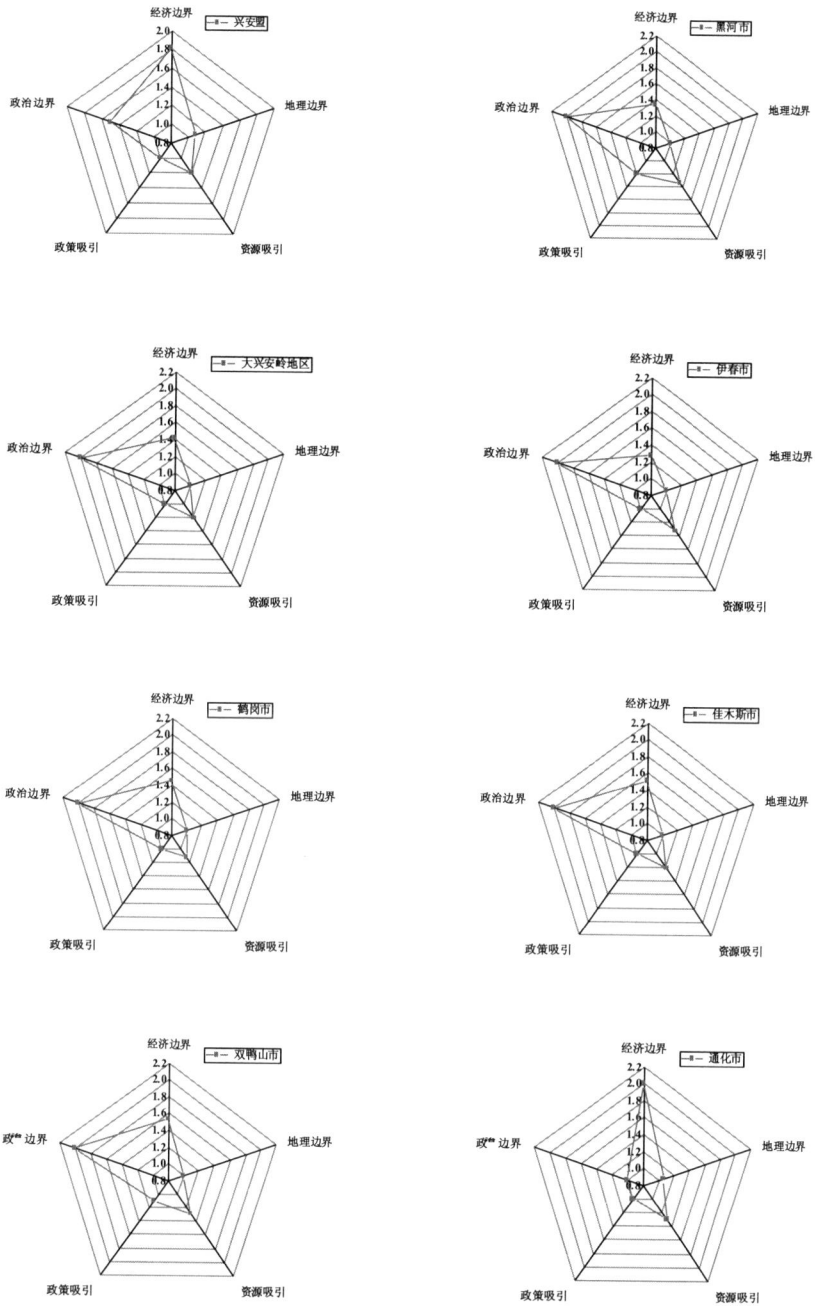

图 7-2 阻滞效应类边境旅游地

（二）集聚效应类边境旅游地

半封闭型边界基于边界两侧的差异具有较强的渗透性。边境地区与邻国地区的相对地位存在经济不平等、政治不相容、文化和民族特性差异等方面的因素，这些跨界差异成为跨界行为产生的基础。资本寻求更好的投资选择和获取市场机会，劳动力寻求更好的就业机会，旅游者寻求更佳的旅游体验。虽然边界两侧的差异来自多方面，但跨界渗透行为却表现各异，经济方面的资本流动、贸易流动带来的边界渗透性高于劳动力流动、旅游流动带来的边界渗透性。对旅游者而言，边境旅游行为受边界的开放程度限制，但同时也被边境地区的旅游资源、政策所吸引。

从指标而言，经济差距较小、广阔的邻国市场机会、良好的与邻政治关系支撑来往的口岸，以及一定的旅游资源和政策吸引，都可为边境旅游提供动力、为跨越边界提供机会，在雷达图中表现为上下延伸形态。在中国边境旅游地中，表现出集聚效应的地区多达 25 个，但地区间也存在一些差别。一部分地区以渗透功能为主，本研究将其称为"渗透型集聚效应类边境旅游地"（见图 7-3），较为典型的有广西的百色市，云南的文山壮族苗族自治州、西双版纳傣族自治州，新疆的哈密市，内蒙古的包头市，黑龙江的鸡西市，辽宁的丹东市，等等。这些地区有一定的口岸为交流提供通道，有较为广阔的邻国市场和需求，但边境地区的吸引力不强，尚处于缓慢渗透的过程中。

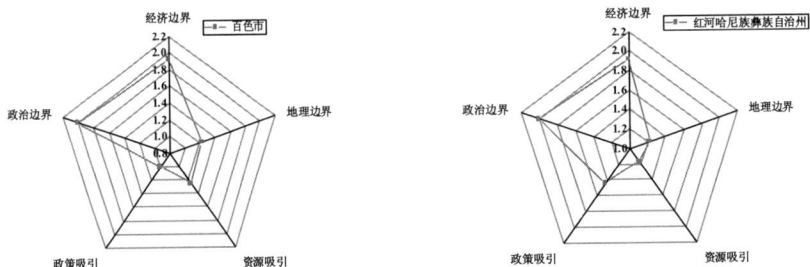

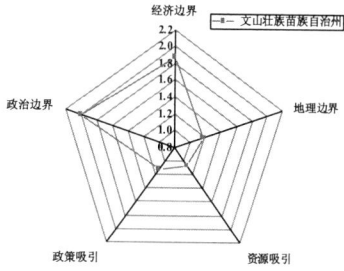

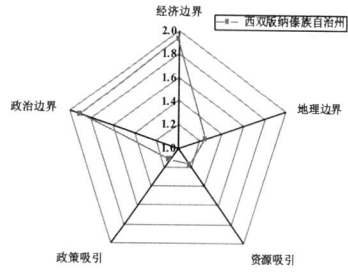

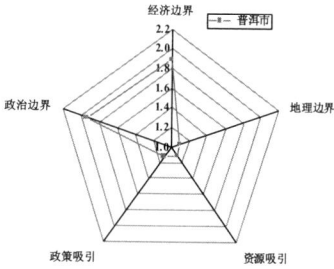

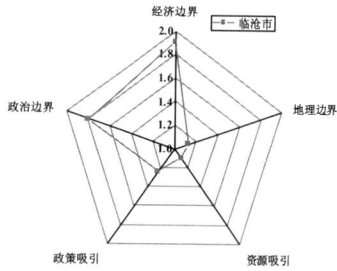

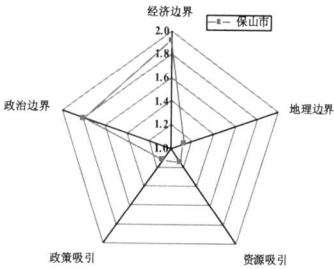

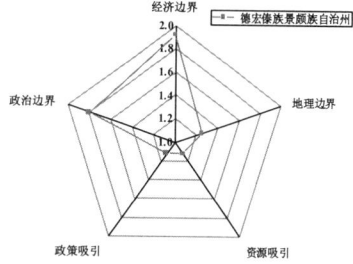

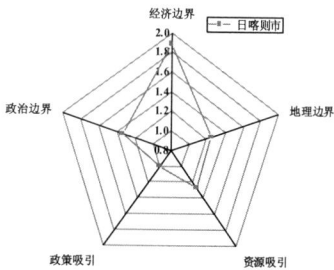

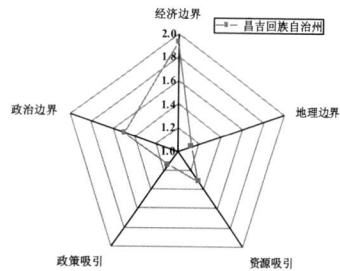

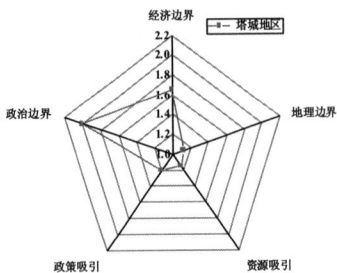

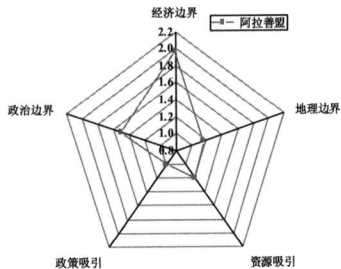

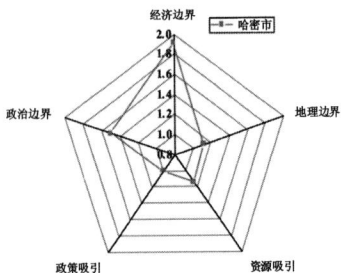

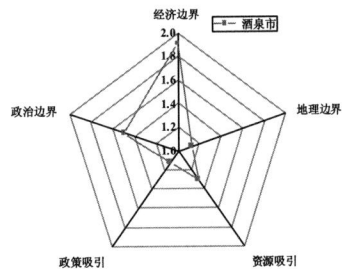

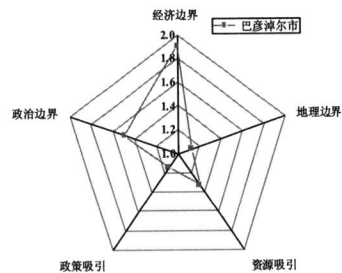

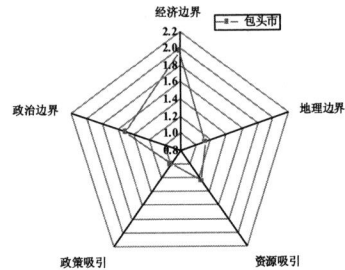

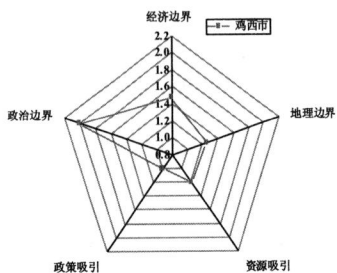

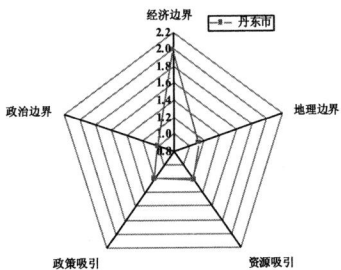

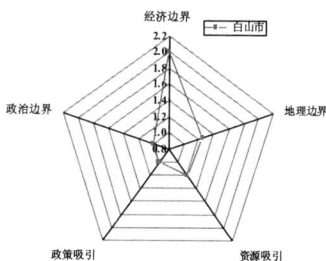

图 7-3　渗透型集聚效应类边境旅游地

另一部分地区以吸引功能为主,本书将其称为"吸引型集聚效应类边境旅游地"(见图 7-4),较为典型的包括广西的防城港市、崇左市,新疆的喀什地区、博尔塔拉蒙古自治州,内蒙古的锡林郭勒盟,黑龙江的牡丹江市,这些地区大部分具有丰富的旅游资源,如广西崇左的德天瀑布、凭祥友谊关在国内已有一定的知名度,近几年当地政府将旅游业视为支柱产业,政府间通过旅游联盟合作,实现了旅游资源的跨区域整合,促进了边境地区旅游人数的增长。

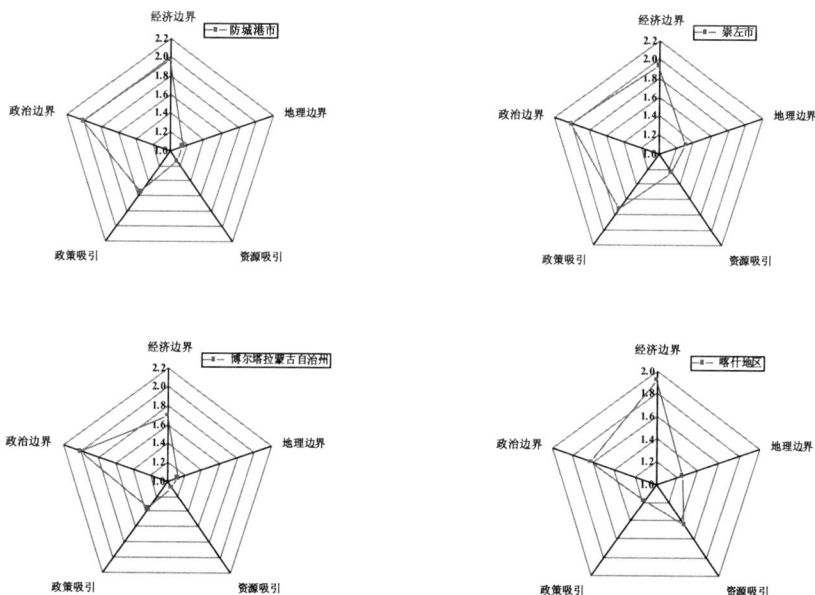

图 7-4　吸引型集聚效应类边境旅游地

（三）扩散效应类边境旅游地

开放型边界下,边境旅游地发展达到一定程度,边界开放度高、人员流动性强。由于对旅游者流动性的限制较少,人们为了降低时间成本和交通成本,更趋向于选择开放、需要较少手续的口岸,这些口岸一般位于经济发展水平较高、政治环境稳定的国家。由于边界两侧交流频繁,维持和平成为更好的选择,这些地区通常会有较为便利的通关条件,甚至会通过优惠政策来促进旅游者的流动。

在中国 45 个边境旅游地中,扩散效应类边境旅游地共有 4 个,包括新疆的伊犁哈萨克自治州、阿勒泰地区,内蒙古的呼伦贝尔市和吉林的延边朝鲜族自治州(见图 7-5)。从指标而言,便利的交通条件、稳定的政治环境、广阔的邻国市场,以及一定的旅游资源和政策支持,都是开放型边界的特征,在雷达图中表现为丰满扩张形态。然而,在中国的边境旅游地中,边界开放度有限,尚未出现达到高开放型的边界。一些边境旅游地的开放型边界也只是初具扩散雏形,主要原因是国际市场需求与边境旅游地提供的旅游供给不匹配,出现旅游者通过边境口岸向内陆扩散的行为,如新疆的阿勒泰地区和吉林的延边朝鲜族自治州。阿勒泰地区共有 4 个国家一级公路口岸,延边有 8 个国家一级公路口岸,较多的口岸说明地理区位条件可达性高。然而,阿勒泰与延边的政策和旅游资源条件并不突出,阿勒泰的邻国为蒙古国,延边的邻国为朝鲜,地区供给与国外市场需求的匹配度不高,最终形成单向扩散效应的雏形。

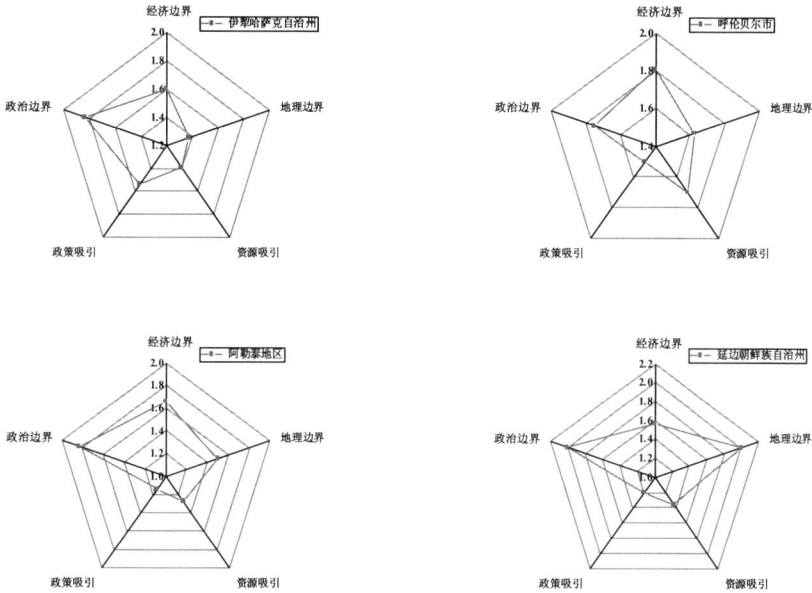

图 7-5 扩散效应类边境旅游地

二、边界效应检验

(一) 样本平稳性检验

为避免伪回归的现象,对边界综合效应指标、入境旅游人数、国内旅游人数进行面板单位根检验。边界综合效应指数表示为 bor ,取对数处理后的边境旅游地入境旅游人数、边界地区国内旅游人数分别表示为 $\ln^{t1}$、$\ln^{t0}$。根据单位根检验结果,发现边界要素和入境旅游人数的数据平稳,但国内旅游人数的数据不平稳,对入境旅游人数进行二阶差分,发现入境旅游人数和边界要素的二阶差分都表现平稳,即达到二阶单整,满足向量自回归的条件(见表7-2)。

表 7-2 变量单位根检验

	LLC	IPS	HT	结果
bor	−6.6305***	1.0261	0.2877*	平稳
$\ln^{t1}$	−11.3460***	−2.5848***	0.1160***	平稳
$\ln^{t0}$	29.2654	14.9984	0.8630	不平稳
$d.bor$	−24.6041***	−7.4139***	−0.2141***	平稳
$d.\ln^{t0}$	22.0927	8.4627	0.4008***	不平稳
$d2.bor$	−15.2643***	−8.0626***	−0.6035***	平稳
$d2.\ln^{t0}$	−15.2183***	−10.9979***	−0.3931***	平稳

备注:*** p<0.01,** p<0.05,* p<0.1;$d.$表示一阶差分,$d2.$表示二阶差分。

(二) 确定最优滞后阶数

进一步确定最优滞后阶数,采用 Andrews 和 Lu(2001)提出的 MMSC 准则(consistent moment and model selection criteria)。运用 stata15.0 的 MMSC_{aic}、MMSC_{bic}、MMSC_{hqic}三个信息准则结果,确定 PVAR 模型的滞后阶数。具体选择为:边界综合效应指标和入境旅游人数的 PVAR 模型表示为 PVAR_1,选择三阶滞后,边界综合效应指标和国内旅游人数的 PVAR 模型表示为 PVAR_0,选择一阶滞后(见图 7-3)。

表 7-3 PVAR 模型滞后阶数选择

	滞后阶数	MBIC	MAIC	MQIC	阶数选择
bor & $\ln^{t1}$ (PVAR1)	一阶	−36.301	4.692	−11.853	三阶滞后
	二阶	−20.501	6.828	−4.202	
	三阶	−19.213	−5.548	−11.063	
$d2.bor$ & $d2.\ln^{t0}$ (PVAR0)	一阶	−35.548	−0.684	−14.852	一阶滞后
	二阶	−8.784	14.458	5.013	
	三阶	−5.512	6.109	1.386	

（三）PVAR 模型稳定性检验

根据之后的阶数结果,对 PVAR 模型进行稳定性检验,结果如表 7-4 所示,所有的特征值都在单位圆内,两个 PVAR 模型都满足稳定性条件。

表 7-4　特征稳定情况

模型	Real	Imaginary	Modulus
	0.785	0	0.785
	0.563	−0.209	0.601
PVAR$_1$	0.563	0.209	0.601
	−0.439	0	0.439
	−0.086	0.407	0.416
	−0.086	−0.407	0.416
PVAR$_0$	−0.522	0	0.522
	−0.221	0	0.221

（四）Granger 因果检验

在此基础上,分别对两组模型进行 Granger 因果检验,利用 stata 采用 PVAR-Granger causality Wald test,原假设为该变量不属于 Granger 原因,具体结果如表 7-5 所示。

表 7-5　Granger 因果检验

原假设	P	结果
边界综合效应不是入境旅游人数的格兰杰原因	0.007	拒绝原假设
入境旅游人数不是边界综合效应的格兰杰原因	0.239	接受原假设
边界综合效应不是国内旅游人数的格兰杰原因	0.070	拒绝原假设
国内旅游人数不是边界综合效应的格兰杰原因	0.239	接受原假设

根据 Granger 因果检验结果,边境旅游流与边界综合效应存在一定的关系,边界综合效应是边境旅游地入境旅游人数和国内旅游人数的单向 Granger 原因,即包含边界阻滞、渗透、吸引、扩散在内的边界综合效应不仅对边境旅游地的入境旅游流存在显著影响,还对国内旅游流有一定影响。一方面,这一结果证明了边界对边境旅游的重要性,边界的作用不容忽视,通常情况下,边界的阻滞、渗透、吸引、扩散效应是共同发生作用的;另一方面,证明了边境旅游及边界效应的产生并不受客源地的限制,发生在边境地区的入境旅游和国内旅游,都受到边界综合效应的影响。

(五) 脉冲响应分析

脉冲响应可以分析 PVAR 模型系统中当期发生的变化对未来各期内生变量的冲击响应情况,本研究采用脉冲响应分析边界长期效应。根据 Granger 因果检验,边界综合效应是边境旅游地入境旅游人数和国内旅游人数的单向 Granger 原因,进一步分析边界综合效应变动对边境旅游地入境旅游人数、对边境旅游地国内旅游人数未来各期的冲击,经过 500 次蒙特卡洛模拟,边界综合效应对边境旅游地入境旅游人数的脉冲响应如图 7-6 所示,边界综合效应对边境旅游地国内旅游人数的脉冲响应如图 7-7 所示,图中,横坐标轴表示分析的未来六期的阶段,纵坐标轴表示国内旅游流或入境旅游流的响应强度,灰色部分表示 95% 的置信区间。

图 7-6 表明,当边界效应由于某种外部冲击发生变化时,入境旅游流在第一期和第二期对其有一个轻微的负向响应,且在第二期达到最大,随后受到的影响逐渐被冲淡,约在第三期边界效应对入境旅游流的冲击将完全消失。

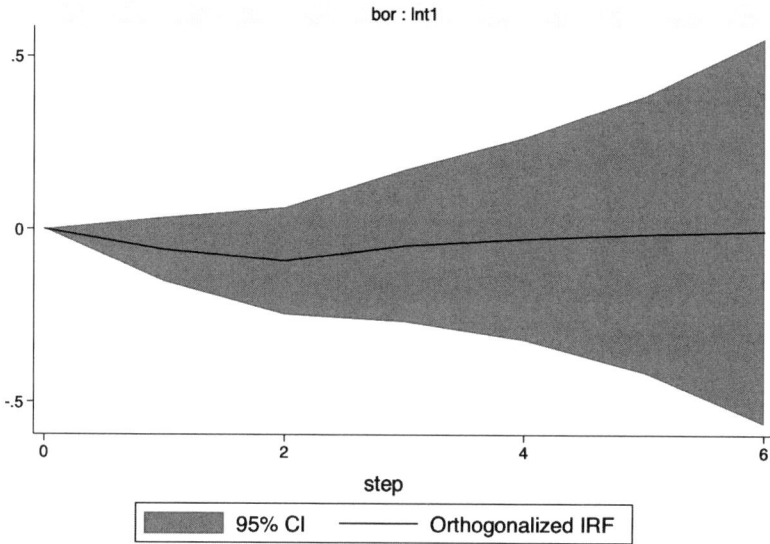

图 7-6　边界综合效应对入境旅游流的冲击响应

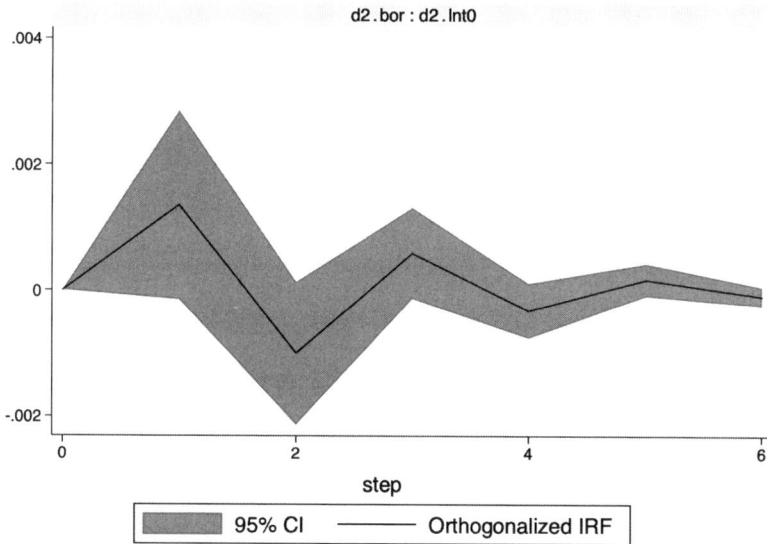

图 7-7　边界综合效应对国内旅游流的冲击响应

图 7-7 表明,当边界由于某种外部冲击发生变化时,国内旅游流在随后第一期出现了正向响应,但在第二期却迅速转变为负向响应,并达到最大波动

值,在接下来的几期间不断波动调整,直至第六期才逐渐趋于平稳。

第三节　研究结果

一、边界效应分析

边境旅游流的边界效应表现为阻滞效应(连而不通)、集聚效应(通而不畅)、扩散效应(互联互通)三种类型。通常情况下,封闭型边界发挥防御、阻滞功能,从而产生阻滞效应;半封闭型边界发挥接触、吸引的功能,从而产生集聚效应;开放型边界发挥渗透、扩散的功能,从而产生扩散效应。几种边界效应来源于边界类型的作用,具体比较如下。

(一) 阻滞效应表现

边界的阻滞效应主要基于封闭型边界而产生,表现为连而不通。边界的阻滞效应既是对文化、观念的区分,即区分"我者"与"他者",也是对权力行使范围的限制与约束,区分不同司法管辖区的法律界线,是不同社会与权力中心之间的"过渡区",国家边界两侧是不同的主权和领土范围,越过边界意味着进入另一个国家,需要遵从他国的法律制度与社会制度。

中国边界发挥阻滞效应的地区为封闭型边界地区,一方面,这些地区基本都没有设立边境口岸,即便有也无法直接通过口岸从邻国进入边境地区,边界的渗透性低,或是由于地形和气候的原因,边境地区地广人稀,与外界的交流较少,边境地区可达性低,边界发挥着阻滞作用;另一方面,边境地区对国家内部的吸引力不足,这些地区的旅游资源开发有限、政策支持不足,国内旅游者到边境地区进行边境旅游的行为较少,边界既阻止了国外旅游者流入,也无法满足国内旅游者需求。

边界的阻滞效应可以保护差异,建立民族意识与国家认同,促进边境地区稳定。因为国家边界通常是在国家形成过程中通过武力或国际约定而形成的,是国家主权施加的结果,所以主权国家对边境地区的建设与管理必须建立在国家稳定的前提之上。边界的阻滞效应虽然阻挡了旅游流的流动,但也在预防、管理一些国际风险、流动性风险方面发挥着重要作用。更标志着主权国家对边境地区的有效控制,有利于形成强烈的国家意识,并在面对差异时得到强化,成为更为显著的民族情结,在边境地区设置的显示主权的符号标记,明显而易于理解。虽然边界尚处于阻滞效应阶段,但一旦边界阻碍减小,这些独特的标志将有助于产生边界的独特吸引力。

(二) 集聚效应表现

边界的集聚效应主要基于半封闭型边界而产生,主要表现为通而不畅。边界的集聚效应主要来源于两个方面:一是边界接触,边界为边界两侧提供了交流的界面,边界在跨国界的资本,商品和人员流动的过程中,成为国际交流合作的接触空间,也成为国家间政策实施、改革试验的实验土壤。二是边界吸引,由于边境旅游地的口岸、边检、国门、边界标志等具有独特的区域意义,再加上两国国旗、建筑、语言、文字,甚至是边境居民生活方式等方面存在的差异,共同构成边境地区的特殊区位和氛围,成为不可复制的旅游吸引物,使旅游者得以经历异于日常生活的独特旅游体验。

中国边界发挥集聚效应的地区为半封闭型边界的地区,一方面,这些地区基本都设有边境口岸,可以通过办理相关手续,从口岸出入境进行旅游活动,边界具有一定的渗透性。立足于边境口岸,存在着或大或小的口岸经济业态,包括免税店、界碑景点、国门景点、口岸公园等,这些口岸经济业态成为促使旅游流集聚的初步动力,这些地区可能由于邻国局势动荡、规划布局等使口岸发展受到限制或是阶段性影响,因此边界状态只是处于半封闭状态。另一方面,这些地区拥有一定的旅游资源,除了存在边境旅游吸引物外,还具有丰富的自然资源和人文资源,边境地区的自然生态较为稳定,由于涉及国家体制和经济发展水平问题,边界地区的自然开发较少,界山、界湖、界河等景观更具原始生态。同时,由于边境地区与核心地区以及外界的沟通交流有限,所以受外来文化的影响较少,保留了地区文化和民族文化的纯正性和原真性。

边界的集聚效应为边境地区带来人才、资金、信息和知名度,有助于综合带动边境地区的建设与发展。内陆地区与边境地区的根本差异不仅源于实际距离上的差异,更在于感知距离上的差异。但在半封闭型边界下,边境地区依靠着边界的接触渗透与吸引力,可以不断缩减边境地区的感知距离,吸引着外来的旅游消费者、旅游相关企业、配套设置服务,最终服务于边境地区的城市建设。

（三）扩散效应表现

边界的扩散效应主要基于开放型边界而产生,主要表现为互联互通。一方面,边境地区的开放度进入了较高阶段,边境地区各种资源往来限制较少,旅游者跨越边境所需的成本减少,边境地区的旅游资源得到较大程度的开发利用,并不断开发新的旅游资源,提供更为成熟、丰富、个性化的旅游服务,使边境地区成为旅游的重要集散地;另一方面,由于边境地区高度开放,通关限制较少,特别是当边界开放到一定程度后,边界吸引物提供的丰富程度不足以满足旅游需求时,旅游者将寻求新的旅游目的地,从而出现旅游流将边境地区简单作为过境地,向内陆地区扩散的情况,随着边境地区的发展,边境与内陆地区的交通联系得以加强,将加速边界的扩散效应。

中国边界的扩散效应主要是来源于边境地区的需求和边境地区供给的不匹配,这些边境地区多为开放型边界的地区,虽然中国边界的开放度有限,尚未出现达到高开放型的边界,但一些地区出现了扩散效应的雏形。边界的扩散效应与边境旅游地的旅游吸引物的丰富程度以及对内的流通性相关。当边境旅游地旅游吸引物丰度不足、政策支持较少时,就会限制边境地区提供的旅游供给,但边界开放度较高,国外市场的需求不能在边境地区实现,导致了旅游流从边境地区向内部地区扩散。

扩散效应促进了信息、资源的高效流动,但对于边境地区而言,边境地区的原住民的生活空间被挤压。在边界建成后,边境地区居民的领土与主权意识随之产生,而随着边界开放度与渗透性的增强,边境地区外来人口逐渐增多,原住民与外来人口的频繁互动,给边境地区东道主的身份认同带来了冲击,使其身份出现了转换,形成了新的身份认同和文化归属感。[①] 边界的渗透效应为边境地区居民带来了身份认同上的重塑。

二、综合效应分析

边境旅游地的边界效应从综合来看,主要表现为高敏感型与低敏感型两种情况。从边境旅游地的角度看,边境旅游流可以细分为入境旅游流和国内旅游流,二者的客源市场不同,因此,除了边境旅游地的要素对二者有着共同影响外,客源地的环境,以及旅游者习惯、旅游行为性质等都对边境旅游流的长期动态效应有着深刻影响。边境旅游地的入境旅游流和国内旅游流的边界效应有明显差异,边界效应的动态效应来源于边境旅游流的类型,具体比较如下。

(一) 低敏感型边界效应

对当前中国的边境旅游地而言,边界对入境旅游流的影响较为稳定,表现为低敏感型的边界效应。具体表现为:当边界要素受到外部冲击而发生变化时,入境旅游需求并没有迅速且强烈的响应,在边界要素变化后的第三期,便不再对入境旅游流有影响。因此,对于目前中国边境旅游地而言,国外的客源市场对边境旅游地的边界效应的变化是相对稳定且不敏感的,面对边界的变化,国外客源市场的旅游者的态度较为谨慎,当边界要素发生强烈变化时,首

---

① 张和强、刘云刚:《金门的边界身份认同初探》,《地理科学进展》2017 年第 36 期。

先是观望态度,少部分旅游者根据边界的变化有一些轻微的响应行为,大部分国外旅游者作出的响应是缓慢、时滞的。

从原因来看,可能存在两个方面:一是客源市场相对固定,国外客源市场的边境旅游需求稳定,客源市场多来自邻国边境地区居民,或是跨界民族群体,这类群体的边境旅游需求较为稳定,旅游行为可能更多是以探亲访友、商务旅游为主,受边界变化的影响较小;二是边界效应是一项综合指标,内部各个要素之间的关系结构相对复杂,边界效应变化时,国外客源市场对变化的边界效应带来的转变预期较低,对边境地区旅游的信心不强,导致出现更为谨慎的决策。

低敏感型边界效应通常与相对固定的需求有关。旅游需求对边界状态的要求较低,是当前中国入境旅游流的主要特征,表明中国边境旅游的结构较为不均衡,国外客源市场的开发力度不足。低敏感型边界效应来源于边境旅游需求的单一化,因此,中国的边境旅游发展还处在初级阶段,还需要进一步展开国际旅游合作,扩大边境旅游地对国外客源市场的影响力,提升入境旅游流的质量、丰富入境旅游流的行为活动。

(二) 高敏感型边界效应

对当前中国的边境旅游地而言,边界对国内旅游流的影响和冲击较大,表现为高敏感型的边界效应。具体表现为:当边界要素受到外部冲击而发生变化时,国内旅游需求表现出迅速而强烈的响应,国内旅游流受影响的时段要远远长于入境旅游流,在边界要素变化后的第六期,对国内旅游流的影响才被慢慢吸收。因此,对于目前的中国边境旅游地而言,国内客源市场对边境旅游地的边界的反应更为敏感,一旦边界要素受到外部冲击发生改变,国内客源市场迅速接到信号,国内旅游需求迅速响应。

从原因来看,可能存在三个方面:第一,由于本研究中边境旅游地的选择限制于中国国内,国内客源市场对国家更有信心,对边界变化的预期较为积极,相比国外旅游者而言,更能作出积极迅速的反馈与决策;第二,国内旅游减少了信息不对称的风险,虽然边境地区地处边缘,但与国外旅游者相比,国内旅游者更容易获得更多可靠信息,有利于排除不确定风险,更能作出更正确的决策;第三,对于目前中国的边境旅游地而言,国内旅游者的边境旅游需求远远大于国外旅游者,因此国内旅游者开展边境旅游的动机丰富、选择多样、决策成本较低,在面对边界变化的情况下,有更多的替代性选择。

高敏感型边界效应通常与信息的易获取性、需求的可替代性相关。信息不对称风险更低、需求更为多样,是当前中国边境旅游地国内旅游流的主要特征。国内客源市场对边界要素变化的响应较为剧烈;一方面体现为国内边境旅游需求较为丰富多样,边境旅游开始成为一种新兴的旅游活动类型并受到旅游者关注,需要认清中国边境旅游的发展阶段和发展现状;另一方面,也需要高度重视边境地区的稳定性,稳定与发展的平衡成为边境地区长久以来的重要命题,地区稳定发展是边境旅游地存在的前提,边境地区政府需要做好一系列措施,以提高边境旅游地的安全信号和给游客的安全感知。

第八章　边境旅游发展调控与边界效应治理对策

　　调控对策主要通过对边界效应转化的干预来实现。三大边界类型之间存在三类六种转化关系：阻滞型边界与集聚型边界间的转化，接触功能的强化作用导致防御功能弱化，二者呈现此消彼长的关系；集聚型边界与扩散型边界间的转化，边界渗透功能大小决定了旅游流的集聚、扩散状态；扩散型边界与阻滞型边界的转化，当边界的防御功能得到强化时，双边关系受损，旅游流回到阻滞状态。干预机制为："提升——增加——控制"。即提升阻滞效应的连接度，增加集聚效应的差异度，控制扩散效应的开放度。调控策略为：提升边界连接度，可促使阻滞效应向扩散效应转化；降低边界连接度，可导致扩散效应向阻滞效应转化；增加边界差异度，可导致集聚效应向阻滞效应转化；降低边界差异度，可促使阻滞效应向集聚效应转化；强化边界安全度，可促使集聚效应向扩散效应转化；弱化边界安全度，可导致扩散效应向集聚效应转化。

第一节　边界效应治理对策

一、边界效应治理逻辑

（一）发展逻辑

1.边界与差异

边界的差异成为风险偏好者与风险投资者流动的动力。除了边界两侧的景观差异对旅游者构成了地区独特吸引力之外,边界两侧的价格差异也促使边境旅游者的趋利行为。不对称性塑造了新的旅游体验和独特的边境旅游产品,构成了边境旅游的驱动力或阻碍力。边界的流动性在很大程度上取决于国家间差异性,特别是价格差异、税收差异和社会文化差异,不同的语言、不熟悉的商品和未知的空间带来了不确定性,也为旅游者带来了惊喜和刺激。除了由于差异带来的一般性边境旅游、边境购物旅游之外,边界两侧的差异产生旅游流动的多样性,还诞生了边境医疗旅游、边境燃油旅游等特殊的旅游流动。边境医疗旅游多是由于"穷人和被剥夺医疗权利的人"寻求在他们的国家无法获得的基本治疗和药物,在许多国家,偏远地区的人们医疗服务很差,而跨越边界则更可能获取更近、更方便、费用更低的医疗服务,医疗卫生工作者、患者以及陪护者的跨境流动增加,导致了跨境卫生区的出现。燃油价格差异也是增强边界流动性的重要因素,如一些学者发现瑞士汽油价格下降10%,边境地区的旅游需求就会增加近17.5%,荷兰政府上调消费税后,边界两侧形成的价格差异导致距德国边界不到10公里的荷兰居民频繁进行跨境燃油消费,带动了边境地区的旅游流动。

2.边界与国际

稳定的外部环境是边界流动性逻辑得以产生的基础。边境地区不同于内部地区,在地理位置上具有特殊性。边境地区的发展受边界外部环境的影响,且边境地区流动性越强,对外部环境的依赖性越强。边境旅游的外向依存性主要表现在两个方面:一是游客的旅游体验更依赖于对边界另一侧的期待与体验,边境地区是旅游者对邻国以及国际环境感知的窗口,旅游者通过一系列的"观察点"近距离地观察邻国情况,既能感知到过去冲突历史带来的危险与恐惧,又连接着当前或未来的和平合作的期望,最终使边境地区成为恐惧和希望同时存在的特殊场所。二是边境地区的旅游发展依赖于边界另一侧的环境,边境地区对外来文化的包容和认可度高于内陆地区,在流动性逻辑下,伴随着旅游交流的增加和跨界融合的发展,边境地区积极的旅游交流和适当的旅游开发形成了一种特殊的旅游空间和文化景观,Wickowski(2010)将其总结为四个阶段:边界两侧设施共同存在并独立发展;双边互动的设施促进旅游关系发展;开放的旅游空间和双边旅游关系建立;单一的综合旅游区域发展,边界两侧实施联合营销计划、旅游产品标准化,可以展示地区的民俗、工艺、环境等。

(二)稳定逻辑

1.边界与主权

边界的约束性逻辑成为保护边界两侧独立性的必要条件,国家边界限定了一个国家行使主权与权力的范围。边界的约束性逻辑限制跨越边界,在国家或国家意识形成之前,边界最初通常是具有渗透性、多孔性和容易穿越的,但随着国家意识的强化,边界具有了战略地位,国家意识通过战争、征服和殖民逐渐扩张,国家边界被人为建立起来,并被赋予约束和限制功能,失去了渗透性。边界将国家领土划分为专属空间,公民生活在国家主体所属的空间上,国家防范、排斥边界外部,而保护、控制边界内部,将边界的约束性逻辑发挥到极致。历史上较为典型的几次边界重新划定以及边界约束性逻辑强化的事件都发生于世界性的战争中,也成为边界研究发展与转变的关键时点。第一次世界大战后发生的许多与边界划定有关的案例研究和应用研究都表现了边界的约束性特征,从战后欧洲国家边界的划定,到亚洲和欧洲殖民地的划定,再到依托地缘政治战略,将世界划分为部分主要大国的影响区域,边界功能与邻国政治制度和外交政策取向被广泛用于一战后欧洲列强殖民属地和国家边界的划定。随着现代世界体系的建立,边境地区几乎总是存在局部互动,出于国家间共同利益的考虑,国家边界也在逐渐失去一部分屏障功能,而将职能转移给地区和国际组织,但即使在一体化进程特别发达的地区,政治边界仍然是相当大的障碍。

2.边界与身份

国家边界的内向依存性是国家对边境地区发展的支持。边界在维护国家权益与保护身份认同上有着重要意义,人们在对国家认识的基础上形成了对边界的认识,这是由于对边缘的感知而产生的"向心性"。国家是实现民族自决权的地方,边界的限制与约束性来源于公民的忠诚和政治认同。除了政治性的主权约束与分隔之外,边界象征着身份的识别与感知范围。随着世界一体化进程的发展,由于不同民族和群体的日益融合,身份认同正在发生深刻变化,越来越多的人具有复杂的身份,将自己与两个甚至多个民族、文化群体联系在一起,而人们往往将自己与他们的生活空间——如一个居住区、一个城市或一个地区联系在一起,并希望建立一个行政围栏,将"我们"与"他们"进行区别与分隔。日益增长的个人主义思想也推动了这一过程,边境地区的一些几乎看不见的、非正式的界限构成了社会障碍。此外,生活边界另一侧的社会群体,也通过彼此分离和对各自领土的控制而确认身份。旅游活动加速了这种非正式身份认同的变化过程,在身份认同的解构与重塑、适应与调整过程中,边境旅游地东道主的来源逐渐多样,既包括边境地区的原住民,也包括国内其他地区和国外迁移到该地区从事生产经营的定居者,而边境旅游则成为维系边境地区的新东道主群体身份认同的核心。

二、边界效应转化治理

（一）边界效应转化模型

边界效应之间的转化关系是由边界的功能类型决定的。因此,对边界的作用和功能进行调控,可以控制边界效应及其影响。边界类型的转化主要指阻滞型边界、集聚型边界和扩散型边界之间的相互转化。综合来看,边界效应共形成了六种转化方式,分别为:阻滞型边界向集聚型边界转化,集聚型边界向阻滞型边界转化,阻滞型边界向扩散型边界转化,扩散型边界向阻滞型边界转化,集聚型边界向扩散型边界转化和扩散型边界向集聚型边界转化(见图8-1)。

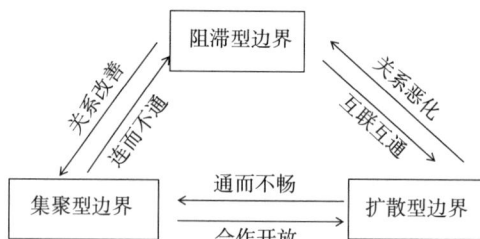

图 8-1　边界效应转化模型

（二）边境旅游发展不平衡演化

在边境地区的发展过程中,矛盾和冲突及旅游发展在区际的不平衡是增长本身不可避免的伴生物,区域增长与区域均衡是一个动态演化的过程。追求区域发展必然要以牺牲区域均衡为代价,但随着发展水平的提高,矛盾和冲突逐渐抵消,发展不平衡程度得到消解,地区发展将趋于均衡。发展不平衡是过程,均衡发展是目标。发展不平衡的具体表现包括:出境旅游流与入境旅游流失衡;边境旅游发展不平衡不充分;跨境旅游活动导致旅游安全、关税壁垒、非法活动管理失调。发展不平衡的主要原因包括:阻滞效应导致空间结构不平衡;集聚效应导致发展水平不平衡;扩散效应导致治理手段不匹配。边界封闭促进了阻滞效应,双边要素不流通,边境矛盾和冲突得以加剧;边界的半开放带来集聚效应,旅游流在边境集聚,边境矛盾和冲突得以缓和;开放型边界促进双边发展,产生扩散效应,边境旅游走向均衡发展(见图8-2)。

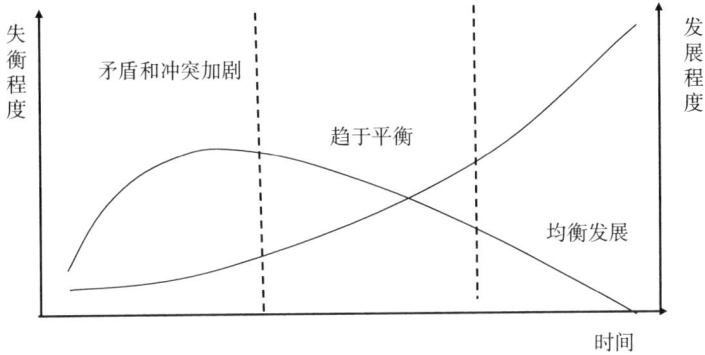

图8-2　边境旅游发展不平衡演化

三、边界效应转化关系

三大边界类型之间存在三类六种转化关系。

(一) 阻滞型边界与扩散型边界间的转化

1. 阻滞型边界向扩散型边界转化

阻滞型边界向扩散型边界转化是一种正向的转化方式。此种转化方式是一种跨越式、大尺度的转化。因为阻滞型边界向扩散型边界转化是由连而不通向互联互通的转化,由封闭型边界向开放型边界的转化。阻滞型边界向扩散型边界转化直接跨越作为"中间桥梁"的集聚型边界,达到一种最好的状态。这种状态就是由阻碍边境旅游发展到实现边境旅游一体化发展。因此,阻滞型边界向扩散型边界转化是难度较大的转化,所需时间更长、努力程度更高,需要边界线两国有着深入的合作交流,政治和经济往来等。例如,朝韩边境的金刚山旅游区存在从阻滞型边界向扩散型边界转化的可能,但是难度可能比较大,需要朝韩两国付出巨大努力。若朝韩两国关系实现突破性改善,经济和政治等交流合作十分密切,就会为阻滞型边界向扩散型边界转化创造机会。

2.扩散型边界向阻滞型边界转化

扩散型边界向阻滞型边界转化是一种负向的转化方式。此种转化方式是一种断崖式、大尺度的转化。因为扩散型边界向阻滞型边界转化是由互联互通向连而不通的转化,由开放型边界向封闭型边界的转化。扩散型边界向阻滞型边界转化直接跨越了作为"中间桥梁"的集聚型边界,出现一种最坏的状态。这种状态就是由边境旅游一体化发展到出现阻碍边境旅游发展的变化。因此,扩散型边界向阻滞型边界转化更多是由突发性事件或灾难性事件造成的转化。此转化方式一旦出现,表明边界线两国间关系出现恶化,这种转化可能是暂时性或不可持续的,出现的可能性会很小。

(二) 集聚型边界与扩散型边界间的转化

1.集聚型边界向扩散型边界转化

集聚型边界向扩散型边界转化是一种正向的转化方式。此种转化方式是一种过渡式、小尺度的转化。因为集聚型边界向扩散型边界转化是由通而不畅向互联互通的转化,由半封闭型边界向开放型边界的转化。集聚型边界向扩散型边界转化使得边境旅游发展中的不平衡问题得以解决,逐渐走向边境旅游发展的一体化道路。例如,若中缅两国间加强进一步的交流与合作,中缅边境旅游区就有可能为集聚型边界向扩散型边界转化创造良好的机会。

2.扩散型边界向集聚型边界转化

扩散型边界向集聚型边界转化是一种负向的转化方式。此种转化方式是一种过渡式、小尺度的转化。因为扩散型边界向集聚型边界转化是由互联互通向通而不畅的转化,由开放型边界向半开放型边界的转化。扩散型边界向集聚型边界转化使得边境旅游发展面临倒退式困境,使得边境旅游发展不平衡的问题出现。例如,若欧盟成员国之间出现些许分歧,欧盟旅游区就有可能使本地区旅游发展进入从扩散型边界向集聚型边界转化的过程。

(三) 集聚型边界与阻滞型边界间的转化

1. 阻滞型边界向集聚型边界转化

阻滞型边界向集聚型边界转化是一种正向的转化方式。阻滞效应主要表现为连而不通,即边界双方难以实现畅通无阻的接触。集聚效应主要表现为通而不畅,即边界双方的接触面临一定程度的障碍。阻滞效应向集聚效应转化表明双方关系得以改善,但是依然处于接触功能和防御功能并存的状态,只是接触功能呈现加强的趋势,防御功能呈现减弱的趋势。例如,朝韩边境的金刚山旅游区存在阻滞效应向集聚效应转化的可能,若朝韩两国关系改善,经济和政治等交流合作日趋密切,就会为阻滞效应向集聚效应转化创造机会。阻滞效应向集聚效应转化使得边界类型由封闭型边界向半封闭型边界转化。

2. 集聚型边界向阻滞型边界转化

集聚型边界向阻滞型边界转化是一种负向的转化方式。集聚型边界主要表现为通而不畅,即边界双方难以实现畅通无阻的接触。阻滞型边界主要表现为连而不通,即边界双方的接触面临一定程度的障碍。集聚型边界向阻滞型边界转化表明双方关系出现恶化,是一种倒退的发展方式,但是依然处于接触功能和防御功能并存的状态,只是防御功能呈现加强的趋势,接触功能呈现减弱的趋势。例如,中缅边境旅游区存在从集聚型边界向阻滞型边界转化的可能,若中缅两国关系面临障碍,经济和政治等交流合作出现减少趋势,就会出现集聚型边界向阻滞型边界转化的现象。集聚型边界向阻滞型边界转化使得边界类型由半封闭型边界向封闭型边界转化。

综上所述,阻滞型边界向集聚型边界转化,阻滞型边界向扩散型边界转化和集聚型边界向扩散型边界转化三种方式是正向的转化。其中阻滞型边界向集聚型边界转化和集聚型边界向扩散型边界转化相对容易、可实现性较强,但是阻滞型边界向扩散型边界转化相对困难、可实现性较弱。集聚型边界向阻滞型边界转化,扩散型边界向阻滞型边界转化和扩散型边界向集聚型边界转化三种方式是负向的转化。其中集聚型边界向阻滞型边界转化和扩散型边界向集聚型边界转化相对容易、可实现性较强,但是扩散型边界向阻滞型边界转化相对困难、可实现性较弱。

第二节　边境旅游发展调控对策

一、边界连接度调控

(一) 提升口岸经济发展水平

前文研究表明,由于中国三条沿边经济带形成的三大边境旅游片区表现出发展不平衡特征,而边境口岸是边界旅游区的"核心",因此发展口岸经济可以起到减小地区发展差距的作用。自"一带一路"建设启动以来,中国云南、广西、新疆、吉林、黑龙江等省区通过加强与邻国间的公路交通、铁路交通等基础设施建设,大力发展口岸经济和边境旅游,通过建立跨境经济合作区、边境旅游试验区、跨境旅游合作区等方式为沿边地区发展带来了新的活力。[①]实践证明,发展口岸经济和边境旅游有助于实现中国边境地区的安全稳定,带动边境口岸社会经济的持续发展,巩固和深化中国与周边国家的外交关系,并为进一步实现地区平衡增添新动力。

(二) 推动边境贸易发展

边境贸易是国际贸易的一种特殊形式,边境旅游的发展可以推动边境贸

---

① 王姝、田里、吴信值:《边境旅游系统空间结构与集散模式研究》,《资源开发与市场》2018 年第 34 期。

易发展。相关研究表明,旅游产业作为覆盖面广、带动性强、延伸性长的综合性新兴产业,对边境贸易的发展具有明显的推动和促进作用。中国边境地区由于长期处于相对封闭状态,导致经济落后、交通不便、信息滞后等问题,然而利用边境旅游带来的旅游流,进而汇聚物流、信息流、资金流等,可以推动边贸市场蓬勃发展。例如,内蒙古满洲里市围绕满洲里口岸已建成中俄边境旅游区、国门景区、套娃景区等标志性边境旅游景点,各类免税店、大型商场、餐饮企业、高端酒店汇聚于此。截至 2019 年,私营企业和个体工商户共计 23355户,同比增长 8.4%。2019 年,该市城镇居民人均可支配收入 3.93 万元,同比增长 7.0%,城镇登记失业率仅 3.4%。再如,芒街是越南的边境城市,近几年,通过大力发展边境旅游,吸引了大批外资,根据越南人民报网,至 2019 年芒街共有 19 个外资项目,新增约 60 家企业。因此,发展边境旅游为解决当地就业问题和推动当地经济和社会发展作出了积极贡献。

(三) 加强边境旅游目的地建设

边境旅游产品作为旅游产品的一种特殊类型,有着一般旅游产品的普遍性质,也具有边境旅游所特有的属性。因此对边境目的地建设的指导思路应该包括:第一,进行一般旅游产品建设。旅游产品往往以单项产品的形式存在,可以根据不同的分类标准划分出不同的旅游产品类型。第二,明确旅游目的地的类型、特点和发展态势。边境旅游产品作为边境旅游发展的产物,与边境旅游自身的特点和类型有密不可分的关系。张广瑞(1997)将边境旅游按照旅游目的、地区、费用的支付主体三大标准进行分类。但随着边境旅游不断发展壮大,这种对于边境旅游类型的划分已经无法适应现代边境旅游产品异彩缤纷的发展局面,必须根据当今边境旅游发展趋势对边境旅游及其产品进行重新界定。

（四）加强边境地区生态保护

边境地区以"跨境生态资源"为纽带开展跨境旅游合作,有助于实现国家间对生态环境保护认知的统一。国外很多国家开展跨境旅游合作的重要动机便是联合保护边境自然资源。[①] 边境地区存在大量珍稀动植物、湿地等生态资源,但由于国家间存在领土主权等问题,长期疏于保护,一些动物的迁徙、繁衍受到威胁,导致种群减少。沃特顿冰川国际和平公园是首个国际和平公园,一个公园横跨两个国家,包括加拿大的沃特顿湖国家公园和美国的冰川国家公园。公园内没有明显的国界线,保留着自然资源最原始的状态,溪流、冰川以及各类珍稀动植物得到了有效保护。其中,麋鹿种群每年会在和平公园内迁徙一次,夏天在冰川国家公园,冬天在沃特顿湖国家公园。因此,边境地区共同开发生态资源,统一规划布局游览区、合理建设旅游基础设施,一方面,可以保护边境生态系统的完整性;另一方面,旅游者的到来也是对生态文明和绿色发展理念最好的宣传。并且,旅游业带来的经济收入可进一步运用于生态环境的保护。

二、边界差异度调控

降低边界差异度,可促使阻滞效应向集聚效应转化。阻滞效应向集聚效应转化表明双方关系得以改善,但是依然处于接触功能和防御功能并存的状态,只是接触功能呈现加强的趋势,防御功能呈现减弱的趋势。阻滞效应向集聚效应转化的具体措施包括减小地区基尼系数、促进边境社区社会和谐、深化民间文化交流层次等。

（一）减小地区基尼系数

基尼系数是国际通用的用来衡量一个国家或地区收入分配的常用指标,

---

① 田里、吴信值、王桀:《国外跨境旅游合作研究进展与启示》,《旅游学刊》2018 年第 33 期。

其影响因素包括制度文化、经济水平、社会结构等。由于中国城乡收入差距较大,长期以来基尼系数处于 0.4—0.5 之间。① 根据钟凤(2014)的研究,中国沿边地区与沿海地区综合发展水平拉大的核心原因不仅包括对沿边地区的投资不足、财政转移支付不足,还包括基础教育扶持不足、科技发展支持不足等。② 因此,发展沿边地区经济,不仅可以减小东西部发展不平衡、沿边地区与沿海地区发展不平衡,而且对降低中国基尼系数、减小收入分配差距也将起到重要作用。

(二) 促进边境社区社会和谐

边境地区一直以来都是国家安全的敏感地带,边境社区的安全稳定对邻国关系产生举足轻重的影响。边境地区发展旅游业,使长期处于封闭、落后的边境社区得到开放,并为边民带来经济收入。中国是多民族聚居的国家,不少民族与邻国跨界相邻而居,联系十分紧密。云南瑞丽边境的"一寨两国"景区就是典型的"一个民族两个国家"的边境社区,中国边境一侧是银井寨,缅甸一侧是芒秀寨,村寨里并不存在明显的国界线,只是采用黄色(中国)和白色(缅甸)的拼接路面进行划分。两个村寨阡陌交通,傣族居民跨界而居,村民语言和习俗相近、"共饮一井水",形成独特的旅游景观。"一寨两国"景区发展起来后,大量旅游者、投资者进入该村寨,边民贸易、文化交流等活动较为活跃。旅游业的发展也使村民从以务农为生转向旅游服务接待,生产生活方式发生较大改变。因此,跨境旅游合作不仅可以促进边境社区居民的生计变迁,还可以促使相邻国家共同协商、共同建设、共同发展。

---

① 崔华泰:《城乡二元视角下的中国基尼系数变化分析》,《经济社会体制比较》2017 年第 3 期。

② 钟凤:《基于基尼系数的中国近 15 年来地区综合发展水平差异评价》,《中国林业经济》2014 年第 2 期。

（三）深化民间文化交流层次

边境地区通过"旅游+文化+跨境合作"的方式，不仅可以使传统文化得以活化，提高民众对文化的参与度，更促进了国家间对彼此文化的认知和了解，产生文化"碰撞"。改革开放以来，中国对外文化工作取得了很大成效，但国际合作中的文化交流外交属性较强，民众参与性不强。而近年来，边境地区通过举办跨国体育赛事、旅游文化节、旅游会展、旅游博览会等，使参与者能够在一次旅游中切身感受到不同国家间、不同民族间的文化差异，吸引了大批旅游者前往。2016 年成功举办的首届"中国瑞丽边境马拉松"，到 2017 年正式更名为"中缅瑞丽—木姐国际马拉松"，至 2019 年，赛事已经有近万名选手参加，不只是中国和缅甸的选手，更有来自肯尼亚、德国等 31 个国家和地区的参赛者，民众参与活动的热情持续高涨。赛事途经两国国门、特有的旅游景点，真正实现了一条跑道跨越两个国家，将傣族、景颇族的民族文化与缅甸的民俗风情结合，既展现了边境人民的人文风貌和热情，更促进了中缅两国体育文化和旅游的交流。

三、边界开放度调控

强化边界开放度，可促使集聚效应向扩散效应转化。集聚型边界向扩散型边界转化使得边境旅游发展中的不平衡问题得以解决，逐渐走向边境旅游发展的一体化道路，具体措施包括强化开放型边境过境便利性、促进双边政策沟通、加强边境旅游产品开发等。

（一）强化开放型边境过境便利性

中国边境地区的落地签、过境签尚未开放，成为外国人从第三国入境的主要障碍。目前，中国边境地区的通行证件主要以边境通行证为主，边民往来凭边民证可以自由通行，并构成边境口岸出入境的主要人员。然而，根据旅游统计,亚洲是中国入境游客源主体,亚洲市场占外国人入境市场的比重稳定在60%左右,其次是欧洲和北美市场。从2017年开始,缅甸和越南分别成为中国入境人数排名第一与第二的旅游客源国。随着中国"一带一路"建设的深入实施,中国与东南亚地区的贸易交流更加频繁,最终使得缅甸和越南超越韩国、日本成为中国前两位的入境旅游客源国。因此,建立边境地区的落地签、过境签制度,有利于进一步消除边界阻隔。

(二) 促进双边政策沟通

跨境旅游合作需要建立在"共同协商"的基础之上,合作的前提条件是实现政策沟通。例如,为进一步深化澜沧江—湄公河国家的旅游合作与交流,中国与老挝、越南、缅甸、泰国、柬埔寨等五个国家秉承"合作共赢"的宗旨,建立了澜湄旅游城市合作联盟,其中首批联盟城市包括中国城市昆明和贵阳。联盟定期举办交流活动,共同商讨澜湄区域旅游一体化发展的具体措施,制定《澜湄旅游城市合作联盟工作方案》《澜湄旅游城市合作联盟五年行动计划》等文件。边境旅游是澜湄地区开展深入合作的突破口,并对流域国家的经济发展和生态保护发挥重要作用。再如,东北边境不定期召开的"大图们倡议"东北亚旅游论坛,将世界旅游组织、"大图们倡议"成员国、学术界专家、旅游企业等联结在一起,共同致力于促进东北亚区域的旅游发展、加强图们江流域国家的旅游合作。

(三) 加强边境旅游产品开发

按边境旅游者的出游动机可以将边境旅游产品分为观光旅游产品、购物旅游产品、专项旅游产品等。观光旅游产品是最传统的旅游产品,是在边境旅游发展初期形成的一种产品类型,以参观边境地区的特殊景观为主,如边境线、国门、国旗、界碑、边防站、村寨等,旅游方式以观光、摄影为主,旅游活动参与性和体验性都比较低。购物旅游产品是以购物为主要出游动机之一的旅游产品。边境地区自由贸易区、边民互市点、购物免税店的存在,以及中国大力推进跨境旅游合作区和边境旅游试验区建设,为边境地区购物旅游的发展提供了良好的环境空间。专项旅游产品包括异国风情游、民俗体验游、宗教朝圣游、康养度假游、丝路文化游、爱国教育游等一系列专项旅游产品,成为边境旅游产品的主要类型。

第三节　空间结构调控

一、封闭管理

(一) 封闭管理动因

封闭边界的主要原因包括战争爆发、难民涌入、政治事件、疫情暴发、安全冲突等。无论是对于正常的跨境经济活动,还是非法的跨境犯罪行为,边界的封闭管理都增加了跨境成本。边界对政治主权的重要性往往优先于经济发展,边界会增加交易成本、分割经济市场,合同制度和商业贸易难以跨越边界,关税、语言和社会风俗的差异、现实或潜在的政治争端和军事冲突,都抑制了跨境贸易和生产。对于旅游者而言,不仅需要考虑一般旅游活动过程中需要考虑的地理距离与交通方式,还需要关注边境地区与另一侧国家的政治制度、汇率关税、边检手续、可停留时间等众多要素。而边境地区的环境发生变化,如邻国出现政治形势不稳定、两国关系变化,或者边境地区出现其他突发事件等,都将直接影响到游客的旅游需求,进而阻碍旅游流动。

(二) 封闭管理调控方式

封闭管理的调控方式,主要可通过强化边界的封闭功能、弱化边界的开放功能来实现。边界效应的转化方式为集聚效应向阻滞效应转化、扩散效应向阻滞效应转化。

二、半开放管理

（一）半开放管理动因

实施半开放管理的主要原因包括经济发展诉求、外交关系拓展、跨境民族交流等。边界两侧的差异是实施半开放管理的前提，边境地区与邻国地区的相对地位对其跨界关系的性质和范围具有特别重要的影响，经济不平等、政治不相容、文化和民族特性等方面形成的跨界差异与不对称程度，成为跨界行为产生的基础，而跨界行为的产生主要受到边界开放程度的约束。一方面，边界为差异化的群体提供了接触的界面，创造了合作与交流的机会；另一方面，边界的存在阻碍了跨境流动，为边境旅游地的稳定发展带来了风险，在机会与风险的博弈中，充分展现了边界阻滞与渗透的矛盾性与共生性。因此，实施半开放管理成为双方寻求妥协和合作的最佳方式。

（二）半开放管理调控方式

半开放管理的调控方式，主要可通过适度调节边界的封闭功能，控制边界的开放程度来实现。边界效应的转化方式为阻滞效应向集聚效应转化、扩散效应向集聚效应转化。

三、开放管理

（一）开放管理动因

实施开放管理的主要原因包括为流动性带来利益、安全得到保障、相邻国家彼此信任等。扩散效应是以高开放度的边界为前提，开放管理展现的是边界对旅游流的引导与疏散，其产生的基础是开放的边界，并对旅游者流动性的限制较少。人们为了降低时间成本和交通成本，更趋向于选择开放、需要较少手续的口岸，这些口岸一般位于经济发展水平较高、政治环境稳定的国家，由于边界两侧交流频繁,维持和平成为更好的选择,这些地区通常会有较为便利的通关条件,甚至通过政策的优惠来促进旅游者的流动。

(二) 开放管理调控方式

开放管理的调控方式,主要是通过强化边界的开放功能,弱化边界的封闭功能来实现。边界效应的转化方式为阻滞效应向扩散效应转化、集聚效应向扩散效应转化。

第四节　治理手段调控

一、调控主体

边境旅游市场调控的主体主要包括政府管理部门和行业协会组织两大类。此外,对涉及跨境旅游合作的旅游目的地,还应该包括跨境合作机构。

(一) 政府管理部门

政府各个管理部门既要通过履行各自职能为旅游企业提供工商、财政、税务等方面的服务,又要通过制定法律法规、方针政策等对旅游行业进行规范和引导。根据中国的情况,各级旅游管理部门在边境旅游市场调控中占据主导地位,其主要职能包括进行规划引导、制定行业标准、提供公共服务等。但要做好市场调控工作,除了旅游管理部门之外,还需要工商、土地、规划、财政、税务、交通、公安、卫生、海关、质检等其他管理部门的大力支持与积极配合。

(二) 行业协会组织

行业协会组织既作为政府管理职能的延伸,又作为旅游行业利益的代表,在边境旅游市场调控中也扮演着重要角色。一方面,由于市场竞争,企业与企业之间的矛盾和冲突在所难免,如果无法调和,有可能造成两败俱伤的局面。与行政监管相比,行业协会组织在规范市场时的协调作用往往更加有效。另一方面,行业协会可以通过组织培训、经验介绍、对外交流等多种方式为企业成员提供专业性很强的业务指导,有利于企业培养专业人才、提升管理水平和提高产品质量。

（三）跨境合作机构

跨境合作机构即由边境双方政府管理部门或行业协会组织派出代表,共同组成一个合作性质的管理机构。它的成立对加强双边旅游合作、促进跨境旅游发展、解决涉外旅游纠纷等具有十分重要的意义。欧盟边境旅游发展的成功经验之一就是在双方国家边境区域和地方当局同时成立议会,常设跨境秘书处,所开展的工作包括:开展产品规划、市场营销等方面的跨境战略层面的合作;平衡边境两边不同的结构和权力;保证公民、机构和社会组织在方案、项目和决策制定过程中的跨境参与等。[1]

二、调控内容

（一）提出重点发展方向

提出重点发展方向主要是指通过出台发展规划、方针政策等,对边境旅游产业的发展方向进行引导。例如,根据国务院发布的《国务院关于支持沿边重点地区开发开放若干政策措施的意见》,中国为促进边境旅游繁荣发展,提出了一系列指导性意见,包括改革边境旅游管理制度,研究发展跨境旅游合作区、探索建设边境旅游试验区,以及加强旅游支撑能力建设等,这无疑为中国边境旅游业的发展指明了方向。

---

[1] 王灵恩等:《从欧盟经验看跨境合作背景下中国边境旅游发展》,《开发研究》2013 年第 4 期。

（二）加强旅游设施建设

边境地区的景区、餐饮、住宿等旅游服务设施和交通、水电、通信等旅游基础设施普遍比较落后，成为制约旅游供给能力的一大瓶颈。因此，加强旅游设施建设成为提升边境旅游供给能力、促进旅游供求平衡的当务之急。从国务院发布的《国务院关于支持沿边重点地区开发开放若干政策措施的意见》来看，中国提出要加强沿边重点地区旅游景区道路、标识标牌、应急救援等旅游基础设施和服务设施建设。除此之外，把加强基础设施建设（如加快推动互联互通境外段、境内段项目建设，加强边境城市航空口岸能力建设，加强口岸基础设施建设）作为边境地区发展的重要保障。

（三）完善公共服务体系

完善公共服务体系，包括交通服务便捷化、信息服务智能化、公共设施便民化、行政管理人性化等多方面的内容。为了增强边境旅游的供给能力，就必须充分发挥政府在公共服务建设中的主导作用，完善边境地区的公共服务体系，并着重做好这两个方面的工作：一是完善基础设施，包括交通、水电、通信、环保、卫生、治安等，尤其要促进外部交通运输的便利化，提升旅游的可进入性；二是积极搭建公共信息服务平台，通过打造智慧城镇、智慧景区、智慧酒店等促进边境旅游目的地各方面的管理和服务智能化。此外，考虑到边境两侧语言文化的差异，各种标识、标牌都应该使用双语，外加英语等国际通用语种。

（四）推进跨境旅游合作

加强跨境旅游交流与合作，尤其是推进跨境旅游合作区建设，能够为边境旅游业进一步发展提供可靠的组织保障，因而成为目前国际边境旅游发展的普遍做法。跨境旅游合作区是以旅游服务为主导功能、旅游产业要素可以自由流动、跨越两个或两个以上国家的特殊区域（李庆雷、杨路佳，2015），具有主体更清晰、产业更多元、方式更具体、空间更明确等显著特征(李飞,2013)。跨境旅游合作区建设在欧盟国家发展较早,并积累了不少成功经验。近几年来,中国东北、西南、西北地区也纷纷探索推进跨国旅游合作区建设。国务院在《国务院关于支持沿边重点地区开发开放若干政策措施的意见》中明确提出支持满洲里等 11 个有条件的地区研究设立跨境旅游合作区。

(五) 建立危机管理机制

建立应对危机的相关机制,是避免或尽量降低不可预测因素对边境旅游业带来不良影响的有效手段。目前,关于边境旅游建立危机管理机制的理论研究还非常少,实践工作也还没有展开。但考虑到边境旅游的涉外性质和高度的政治敏感性,为确保旅游供求均衡,在边境旅游目的地建立危机管理机制是必不可少的,也是将来要落实的一项重要任务。

三、调控手段

(一) 依托边境口岸建立旅游辐射中心

根据口岸区位、交通、资源等优势,选择云南瑞丽、新疆霍尔果斯、吉林珲春三大口岸,打造"一带一路"向南、向西、向北全方位开发开放的旅游辐射中心。口岸是边境旅游主要的集散中心,口岸的发展直接关系到边境旅游的发展。云南瑞丽口岸位于中缅交汇处,是面向南亚、东南亚开放的重要通道,在西南地区扮演着重要角色。在西北边境,新疆霍尔果斯口岸与哈萨克斯坦隔河相望,曾是"丝绸之路"经过的重要驿站。在东北边境,吉林珲春口岸所在的珲春市与俄罗斯、朝鲜接壤,濒临日本海,是东北地区的地理中心。利用口岸发展带动口岸城市发展,形成旅游辐射中心,从而为跨境合作提供经济基础。对重点口岸进行全面改革,优化口岸管理体制,加强口岸软硬设施建设,提升口岸开放度,简化通关手续,创新口岸合作形式,使其成为跨境旅游合作的典范。

（二）不同边境地区探索形成多元化合作模式

中国边境广阔、邻国众多，边境旅游的发展既要结合中国边境地区的实际情况，更要考虑邻国的国情，以此灵活地建立不同的旅游发展模式。对内，中国边境地区旅游资源禀赋、民族跨境来往等方面存在不同，如东北地区生态资源突出、西南地区民族文化多样，因此边境旅游的开发需要符合本地特色，但不是所有的边境地区都适合开展跨境旅游合作。对外，边境地区自古以来就是地缘政治的敏感地区，而旅游业本身是一个极易受到影响的行业，边境旅游的开放更是需要国家间提供有力的政策支持，因此，对邻国的政治制度、旅游政策等进行可行性分析显得尤为重要。以往边境旅游与边境贸易的相互促进，表现为"旅游边贸模式"。近年来，"边境旅游试验区""跨境旅游合作区"开始建立，使开放与改革成为边境旅游发展的趋势。因此，在充分掌握邻国国情的基础上，通过划分合作的重点区域、确定合作的层次与水平，推动企业和社区参与，建立多元化的合作模式，将为边境口岸城市的发展带来持续动力。

（三）建设以保护生态环境为核心的"国际和平公园"

探索建立"中老尚勇—南塔南木哈国际和平公园"。云南西双版纳与老挝接壤，保存了中国面积最大、生态系统最完整的热带森林，生物多样性极其丰富。中国将其列入国家级自然保护区，面积达 24 万公顷，老挝一侧也建立了南木哈国家级自然保护区。但由于以前双边重视程度、保护认知不同，两个保护区没有形成一个整体，导致许多珍稀动植物大量减少。为此，2009 年，中老双方正式签署协议，划定首个中老联合保护区"中国西双版纳尚勇—老挝南塔南木哈生物多样性联合保护区域"。因此，可在此基础上进一步深化合作内容，建立中国首个国际和平公园"中老尚勇—南塔南木哈国际和平公园"，在公园内规划建设旅游线路，使游客观赏到热带雨林奇观、亚洲象迁徙以及领略两国风情。

（四）建设以旅游通道为核心的"跨境自驾旅游区"

依托已建成的高等级公路,打造"澜湄自驾旅游区"。在全球经济放缓的背景下,东南亚地区经济稳步发展,表现出良好的发展潜力,同时澜沧江—湄公河合作也成为当前中国对外合作的重点。澜湄区域有着多元历史文化、多彩民族风情、多样自然旅游资源,具有发展成为国际流行旅游目的地的巨大潜质。加之,该区域存在一些高等级公路,如横跨中老泰的昆曼国际大通道、越南1A国路、泰国4号和24号公路等。因此,依托目前不断完善的道路、旅游服务站点等基础设施,以及港口、口岸、机场等综合立体交通设施,将澜湄自驾旅游区建设成为国际著名跨境旅游目的地。通过制定统一标准的通行规范和服务规范,消除区域间合作障碍;通过建设管理决策机构、资金保障机构、运营推广机构、组织平台机构,实现澜湄自驾旅游区长期发展的机构保障和制度规范;立足于地区旅游资源基础和交通发展条件,打造和平公园、旅游片区、经典线路等旅游项目。

（五）形成边境旅游地均衡发展驱动模式

边境旅游地均衡发展驱动模式包括政策驱动型、景观驱动型、区位驱动型和经济驱动型。政策驱动型是指依靠开放政策驱动边境地区旅游发展的模式。具体表现为建立跨境旅游合作区、边境旅游实验区、自贸区等,如"一带一路"政策框架下的新疆霍尔果斯、云南瑞丽可以实施此类项目。景观驱动型是指依靠自然景观或人文景观驱动边境旅游发展的模式。旅游资源优势较为突出,边境口岸发展在很大程度上依赖于旅游业。如印巴边境瓦嘎升降旗仪式,美加边境的尼亚加拉大瀑布,广西东兴的中越跨境德天瀑布等。区位驱动型是指依靠地理区位优势发展边境旅游的模式。如欧洲的跨境游道文巴恩,连接中国与东盟的陆路通道,位处昆曼国际公路的勐腊等。经济驱动型是指依靠口岸经济发展边境旅游的模式。

第九章　结论与展望

第一节　研究结论

一、理论研究结论

（一）分析了边界效应与边境旅游的关系

从旅游学视角对边界效应进行了界定,在旅游研究中,边界效应是指国家政治边界或行政边界对跨边界行为产生的影响。研究指出,边界效应理论在旅游研究中存在适用性不强、解释性不足等问题,边界的阻碍力、吸引力、扩散力被忽略。第一,边界是边境旅游系统空间的重要构成;第二,边境旅游地由客源地、目的地和边界三个子系统构成;第三,边界子系统发挥着重要的系统功能作用。因此,边界效应理论在旅游研究中不应局限于旅游流的视角,应充分考虑边界与旅游的特殊互动关系。从旅游学视角构建边界效应理论在旅游研究中的适用框架。

（二）界定了边境旅游地边界效应的类型

边境旅游地边界效应需要将边境地区的人文互访、社交往来、旅游发展等社会网络关系纳入研究范围,三种类型的边界(封闭型边界、开放型边界和半封闭半开放型边界)引致三大类型的边界效应(阻滞效应、集聚效应和扩散效应)。阻滞效应主要表现为边界两边无法实现互通有无,诸如中印边境地区;集聚效应主要是指旅游活动在边界任意一边或两边实现聚集,诸如中缅边境旅游区;扩散效应主要表现为旅游活动在本国边界或他国边界实现扩散。

(三) 剖析了边境地区边界效应的转化机理

边界效应对边境旅游活动产生了重要作用和影响,驱动要素是机理,效应演化是过程,效应转化是结果。三大边界类型之间存在三类六种转化关系:阻滞型边界向扩散型边界转化、扩散型边界向阻滞型边界转化、集聚型边界向扩散型边界转化、扩散型边界向集聚型边界转化、阻滞型边界向集聚型边界转化、集聚型边界向阻滞型边界转化。边界效应转化对边境旅游的影响机理为:边境旅游三元结构共同作用下产生三类边界效应;边界的防御、阻隔功能产生阻滞效应,边界的吸引、接触功能产生集聚效应,边界的融合、渗透功能产生扩散效应;不同的边界效应导致三种不同的发展方式。

(四) 指出了边界效应转化的干预机制

调控对策主要通过对边界效应转化的干预实现。干预机制为:"提升——增加——控制",即提升阻滞效应的连接度,增加聚集效应的差异度,控制扩散效应的开放度。提升边界连接度,可促使阻滞效应向扩散效应转化;降低边界连接度,可导致扩散效应向阻滞效应转化;增加边界差异度,可导致集聚效应向阻滞效应转化;降低边界差异度,可促使阻滞效应向集聚效应转化;强化边界安全度,可促使集聚效应向扩散效应转化;弱化边界安全度,可导致扩散效应向集聚效应转化。

(五) 提出了边境旅游发展的调控对策

边境旅游发展不平衡是指陆路边境一定区域内旅游发展的非均衡状态,

主要表现为地理空间的不平衡,口岸经济的不平衡,政治制度的不均衡,国家文化的不平衡等。边境旅游发展不平衡具体表现为:形成边境旅游地的显著差异,造成地区的不平衡发展,成为跨境民族文化交流的障碍等。因此,中国边境旅游发展政策的制定,要避免采取"一刀切"的方式,不同地区需要制定不同的政策。制定边境旅游经济发展政策要充分考虑邻国经济特点、本地经济基础的差异化特征,从而制定差异化的发展策略。首先,东北边境应该以本地经济发展为核心;其次,西北边境应该以通道建设为核心;最后,西南边境应该以"跨境旅游合作区"建设为核心。

二、实证研究结论

(一) 中国边境旅游发展不平衡分析结论

中国的东北、西北和西南三大边境旅游片区发展不平衡,形成旅游经济空间分异;发展不平衡的主要原因包括空间(距离、交通)不平衡、经济(贸易、口岸、人口)不平衡、文化(民族、历史、宗教)差异、政治(外交)差异。由于中国边境地区产业发展基础和对外合作状态存在较大差异,因此边境地区治理手段存在类型不同、方式不同的情况,表现出以下特征差异:东北边境受邻国经济影响显著;西北边境受制于内部发展动力不足;西南边境呈现出多热点高水平集聚状态。中国边境旅游发展不平衡影响因素各异,具体表现为:西北边境的本地经济的作用占主导地位,对本地经济的巨大投入,拉动了西北沿边经济带的发展;东北边境受邻国经济发展水平的制约,边境旅游经济发展受到影响;西南边境的邻国经济与本地经济双重作用推动西南边境旅游经济发展。

(二) 边界效应测度分析结论

边境旅游地区的社会网络关系不同,边界存在"连而不通""通而不畅""互联互通"三种差异,并对边境旅游活动产生阻滞效应、集聚效应和扩散效应。通过对中老缅泰边境口岸的社会调查,选取 8 个两两对应的边境口岸,经测算比较,发现中缅边境的打洛—勐拉口岸阻滞效应较为显著,中老边境的磨憨—磨丁口岸扩散效应显著,泰缅边境的美赛—大其力口岸集聚效应显著。由此可见,边界除了具有"显性"的区别即国家主权的政治属性和军事属性外,还具有"隐性"特征,即代表人文交往关系的社会属性。这一点,从边界效应对边境旅游地区的影响可以看到。

(三) 边界效应评价分析结论

选择 2009—2018 年间 45 个边境旅游地边界要素各项指标的平均发展程度,通过雷达图评价中国边境旅游地的边界效应。结果表明:中国边境旅游地中,共有 16 个边境地区主要表现为封闭型边界,表现为半封闭型边界的地区共有 25 个,表现为开放型边界的地区共有 4 个,通过向量自回归模型对国内外旅游流的边界效应进行动态评价,发现中国边境旅游地的入境旅游流呈现低敏感型边界效应,国内旅游流呈现高敏感型边界效应。

第二节　研究创新

一、研究视角创新

本研究通过大量的文献检索,发现目前国内外学术界对边境问题的研究存在"三重三轻"的问题,即对边界效应的研究重贸易、轻旅游,对边境旅游的研究重现象、轻理论,对边境政策的研究重形式、轻学理。因此,本研究突破了"就边界论边界""就旅游论旅游"的视角,采用边界效应的异质性、边境旅游的独特性视角开展研究,重新审视和探讨了边界效应类型及转化关系,分析了中国边境旅游发展不平衡的现状及表现,是对边境旅游理论研究的深化。

二、理论体系创新

在旅游研究中,边界效应的异质性被大大忽略,表现为类型界定模糊、旅游特征泛化等。因此,本研究从边界效应概念界定、边界效应类型特征、边界效应形成机理、边界效应转化关系等层面构建了相对完整的边境旅游地边界效应理论体系。尤其从边界效应转化模型出发,提出边境旅游发展不平衡治理的对策应该建立在对边界效应的调控之上,并通过对边界效应转化的干预实现发展不平衡治理。

三、实证模型创新

一方面,在对边界效应的形态、类型及其影响等问题的研究过程中,通过归纳演绎、综合分析等方法建立了边境旅游系统空间、边境旅游发展不平衡与边界效应转化模型、边界效应驱动机理、边界效应转化模型,为边境旅游发展不平衡治理寻找了理论依据。另一方面,在中国边境旅游地发展不平衡现状的实证研究中,加入空间权重矩阵分析边境旅游经济的空间分布及跃迁,在边境旅游地边界效应测度和评价研究中,构建向量自回归(VAR)模型对边界综合效应指标和旅游流之间的互动关系进行分析,探讨了边境旅游地边界效应的存在性和类型特征。

第三节 未来研究展望

一、值得深入探讨之处

本研究在对边境旅游研究领域做出了许多探索性尝试的同时,认为仍有诸多值得深入探讨之处。首先,边境旅游系统空间中的三个子系统,是否存在耦合关系;其次,本研究提出了边界效应转化模型,对三类边界效应之间的转化关系进行了理论解释,但仍需进一步进行实证检验;再次,在边界效应的实证研究方法上,本研究主要采用社会网络法和空间经济计量法进行测度和评价,未来仍可着重考虑引入其他研究方法加以验证。

二、未来研究方向

在深化已有研究成果的同时,旅游研究中的边界效应仍有许多问题值得深入探讨。一是本研究着重探讨了边界效应对边境地区旅游发展不平衡的影响,但对于边界效应的正负反馈研究显得不足。例如,为何中国边境旅游地呈现扩散效应的样本偏少? 与国外开放型边界相比,是否存在可借鉴的发展模式? 二是阻滞效应、集聚效应和扩散效应三者之间的转化是否存在非线性关系? 深入分析"转化点"问题,有利于为建立政策"控制阀"找到依据。三是未来可从更宏观的视角切入,着重研究边境旅游发展与人力资源、技术资本、制度创新等经济发展要素之间的关系。

三、拓展应用领域

虽然边界效应在旅游研究中的应用较少,但边界效应广泛存在于现实旅游发展与旅游实践中。在边界效应的综合效用作用下,其对旅游流、旅游地,甚至是国家间关系都产生了深远影响,如受影响的国家安全、新兴的旅游业态、区隔的旅游孤岛等。因此,未来的研究将进一步拓展应用领域,统筹研究主体,从更为综合的学科视角展开研究,为科学地认知和度量边界效应对旅游的影响关系进行积极探索。

参 考 文 献

一、中文图书

邹统钎:《旅游学术思想流派》(第二版),南开大学出版社 2013 年版。

二、中文论文

Jussi P.Laine、吴寅姗、张丽屏、安宁、刘云刚:《当代全球化背景下的边界和边界景观》,《地理科学进展》2017 年第 12 期。

白旻:《边界效应、规模效应与后发大国的产业发展战略》,《世界经济研究》2009 年第 8 期。

陈东、杨效忠:《资源非优型边界旅游发展研究——以安徽省霍邱县为例》,《经济问题探索》2008 年第 12 期。

董培海、李伟:《边境旅游发展的空间结构及其演变——以云南省为例》,《学术探索》2019 年第 5 期。

方世巧、马耀峰、李天顺、李君轶:《基于百度搜索的西安市 A 级景区信息与旅游流耦合分析》,《干旱区资源与环境》2012 年第 8 期。

关雪凌、丁振辉:《日本产业结构变迁与经济增长》,《世界经济研究》2012 年第 7 期。

韩玉刚、焦华富、李俊峰:《改革开放以来中国省际边缘区研究历程及展望》,《地域研究与开发》2011 年第 2 期。

贺传阅、戚均慧、穆松林、周彬:《黑龙江省中俄边境旅游发展战略研究》,《生态经济》2014 年第 2 期。

洪国志、李郇:《基于房地产价格空间溢出的广州城市内部边界效应》,《地理学报》2011 年第 4 期。

黄爱莲、魏小安:《省际区域入境旅游的边界效应——以北部湾为例》,《地理与地理信息科学》2011 年第 2 期。

黄薇薇、沈非:《边缘型旅游地研究综述及展望》,《人文地理》2015 年第 4 期。

靳诚、陆玉麒:《区域旅游一体化进程中边界效应的定量化研究——以长江三角洲地区入境旅游为例》,《旅游学刊》2008 年第 10 期。

李东、由亚男、张文中、吴静:《中哈边境地区旅游廊道空间布局与发展系统》,《干旱区地理》2017 年第 2 期。

李飞:《跨境旅游合作区:探索中的边境旅游发展新模式》,《旅游科学》2013 年第 5 期。

李广东、方创琳:《中国县域国土空间集约利用计量测度与影响机理》,《地理学报》2014 年第 12 期。

李山、王铮:《旅游业区域溢出的可计算模型及案例》,《旅游学刊》2009 年第 7 期。

李亚娟、陈田、王婧、王昊:《大城市边缘区乡村旅游地旅游城市化进程研究——以北京市为例》,《中国人口·资源与环境》2013 年第 4 期。

李英迪、何先友:《记叙文中时间信息的事件边界效应》,《心理与行为研究》2009 年第 2 期。

梁滨、邓祖涛:《长江中游城市群旅游经济空间格局演化分析》,《经济问题》2015 年第 9 期。

林岚、许志晖、丁登山:《旅游者空间行为及其国内外研究综述》,《地理科学》2007 年第 3 期。

凌丹、朱方兰、胡惟璇:《OFDI 对中国产业比较优势动态升级的影响——全球价值链分工视角》,《科技进步与对策》2017 年第 11 期。

陆继峰:《边界效应转化下的跨边界次区域经济合作研究》,《商业时代》2013 年第 14 期。

穆学青、郭向阳、明庆忠:《边境地区旅游强度时空演化特征分析》,《经济地理》2019 年第 1 期。

穆学青、郭向阳、明庆忠:《边境地区旅游强度时空演化特征分析》,《经济地理》2019 年第 1 期。

潘镇、金中坤:《双边政治关系、东道国制度风险与中国对外直接投资》,《财贸经济》2015 年第 6 期。

秦学、刘君德:《"行政区经济"现象在我国旅游业中的表现及其负面影响》,《学术研究》2003 年第 12 期。

唐顺铁、郭来喜:《旅游流体系研究》,《旅游学刊》1998 年第 3 期。

田里、吴信值、王桀:《国外跨境旅游合作研究进展与启示》,《旅游学刊》2018 年第 7 期。

王洁洁、孙根年、黄柳芳:《香港——大陆旅游流与贸易流的互动关系分析——基于 1990~2009 年数据》,《经济问题》2010 年第 12 期。

王桀、田里、吴信值:《边境旅游系统空间结构与集散模式研究》,《资源开发与市场》2018 年第 1 期。

王铁崖:《从国际法上论集体自卫》,《法学研究》1955 年第 4 期。

王子超、王子岚、贾勤:《"边界"效应下的乡村旅游产业发展模式研究——以贵州岜沙苗寨为例》,《中南财经政法大学学报》2017 年第 2 期。

吴晋峰、包浩生:《旅游流距离衰减现象演绎研究》,《人文地理》2005 年第 2 期。

杨荣海、李亚波:《边界效应会制约中国跨境经济合作区建设吗——以中越、中老和中缅的数据为例》,《国际经贸探索》2014 年第 3 期。

杨效忠、张捷、叶舒娟:《基于社会网络的跨界旅游区边界效应测度及转化》,《地理科学》2010 年第 6 期。

杨新军、马晓龙:《区域旅游:空间结构及其研究进展》,《人文地理》2004 年第 1 期。

杨兆萍、张小雷:《边境地区旅游业发展模式研究》,《经济地理》2001 年第 3 期。

曾冰:《边界效应与省际边界区经济发展——基于新经济地理视角》,《财经科学》2015 年第 9 期。

张帆、杜宽旗、阮有仲:《广西北部湾经济区与越南北部三省经济合作边界效应研究》,《广西社会科学》2015 年第 11 期。

张凯、杨效忠、张文静:《跨界旅游区旅游经济联系度及其网络特征——以环太湖地区为例》,《人文地理》2013 年第 6 期。

张生瑞、王英杰、鞠洪润、钟林生:《中国陆地边境旅游发展区域差异及其影响因素》,《地理研究》2020 年第 2 期。

赵建平、明庆忠:《边境旅游发展水平的地域变化及驱动力研究》,《中州大学学报》2019 年第 6 期。

郑惠莉、刘陈、翟丹妮:《基于雷达图的综合评价方法》,《南京邮电学院学报(自然科学版)》2001 年第 2 期。

钟林生、张生瑞、时雨晴、张爱平：《中国陆地边境县域旅游资源特征评价及其开发策略》，《资源科学》2014 年第 6 期。

周彬、钟林生、陈田、戚均慧、时雨晴、任国柱：《黑龙江省中俄界江旅游发展策略研究》，《经济地理》2013 年第 6 期。

周长军、周永明：《开发边境旅游资源发展边境旅游经济》，《旅游学刊》1997 年第 3 期。

三、外文图书

O.J.Martinez，The Dynamics of Border Interaction：New Approaches to Border Analysis，London and New York：Routledge，1994.

四、外文文献

Anderson，J.，O'dowd，L.，"Borders，border regions and territoriality：contradictory meanings，changing significance"，*Regional studies*，Vol.7，No.7，1999，pp.593–604.

Baud，M.，Van Schendel，W.，"Toward a comparative history of borderlands"，*Journal of World History*，1997，pp.211–242.

Berdell，J.，Ghoshal，A.，"US–Mexico border tourism and day trips：an aberration in globalization?"，*Latin American Economic Review*，Vol.24，No.1，2015，pp.1–18.

Bradbury，S.L.，"The impact of security on travelers across the Canada–US border"，*Journal of Transport Geography*，Vol.26，No.1，2013，pp.139–146.

Chen，N.，"Intra–national versus international trade in the European Union：Why do national borders matter?"，*Journal of International Economics*，Vol.63，No.1，2004，pp.93–118.

Chow，C.K.，Tsui，W.H.，"Cross–border tourism：Case study of inbound Russian visitor arrivals to China"，*International Journal of Tourism Research*，Vol. 21，No. 5，2019，pp. 693–711.

Combes，P.，Lafourcade，M.，Mayer，T.，et al.，"The trade creating effects of business and social networks：Evidence from France"，*Journal of International Economics*，Vol.66，No.1，pp. 1–29.

Coughlin，C.C.，Novy，D.，"Is the international border effect larger than the domestic border effect? Evidence from U.S.trade"，*CESifo Economic Studies*，Vol.59，No.2，2009，pp. 249–276.

Eder, K., "Europe's Borders: The narrative construction of the boundaries of Europe", *European Journal of Social Theory*, Vol.9, No.2, 2006, pp.255-271.

Erik, G., Quan, L., "War, peace, and the invisible hand: Positive political externalities of economic globalization", *International Studies Quarterly*, No.4, 2003, pp.561-586.

Falk, M., Vieru, M.J., "Impact of rouble's depreciation on Russian overnight stays in Finnish regions and cities", *Tourism Economics*, Vol.23, No.4, 2017, pp.854-866.

Garmendia, A., Llano, C., Minondo, A., et al., "Networks and the disappearance of the intranational home bias", *Economics Letters*, Vol.116, No.2, 2012, pp.178-182.

Hadinejad, A., Moyle, B., Scott, N., et al., "Residents' attitudes to tourism: A review", *Tourism Review*, Vol.74, No.2, 2019, pp.150-165.

Hampton, M.P., "Enclaves and ethnic ties: The local impacts of Singaporean cross-border tourism in Malaysia and Indonesia", *Singapore Journal of Tropical Geography*, Vol.31, No.2, 2010, pp.239-253.

Ilbery, B., Saxena, G., Kneafsey, M., "Exploring tourists and gatekeepers' attitudes towards integrated rural tourism in the England-Wales border region", *Tourism Geographies*, Vol.9, No.4, 2007, pp.441-468.

Jones, E.L., "Medieval frontier societies", *History Reviews of New Books*, Vol.16, No.4, 1990, pp.465-467.

Kolossov, V., "Border Studies: Changing Perspectives and Theoretical Approaches", *Geopolitics*, Vol.10, No.4, 2005, pp.606-632.

Kozak, M., Buhalis, D., "Cross-border tourism destination marketing: Prerequisites and critical success factors", *Journal of Destination Marketing & Management*, Vol.14, 2019, pp.1-9.

Lord, K.R., Putrevu, S., Shi Yizheng, "Cultural influences on cross-border vacationing", *Journal of Business Research*, Vol.61, No.3, 2008, pp.183-190.

Marchand, M.H., "Crossing borders in North America after 9/11: 'regular' travellers narratives of securitisations and contestations", *Third World Quarterly*, Vol.38, No.6, 2017, pp.1232-1248.

McKercher, B., "A chaos aproach to tourism", *Tourism Managemenr*, Vol.20, 1999, pp.425-434.

Minghi, J.V., "Boundary studies in political geography", *Annals of the Association of American Geographers*, Vol.53, No.3, 1963, pp.407-428.

Nazneen, S., Xu, H., Din, N. U., " Cross – border infrastructural development and residents' perceived tourism impacts:A case of China–Pakistan Economic Corridor", *Tourism Research*, Vol.21, No.3, 2019, pp.334–343.

Newman, D., "Borders and bordering:Towards an interdisciplinary dialogue", *European Journal of Social Theory*, Vol.9, No.2, 2006, pp.171–186.

Ohmae, K., "The borderless world", *McKinsey Quarterly*, No.3, 1990, pp.3–19.

O'connor, N., Bolan, P., "Creating a sustainable brand for Northern Ireland through film–induced tourism", *Tourism Culture & Communication*, Vol.8, No.3, 2008, pp.147–158.

Paasi, A., "Boundaries as social processes:Territoriality in the World of flows", *Geopolitics*, Vol.3, No.1, 1998, pp.9–24.

Paasi, A., "Bounded spaces in a 'borderless world':border studies, power and the anatomy of territory", *Journal of Power*, Vol.2, No.2, 2009, pp.213–234.

Page, S.J., Song, H., Wu, D.C., et al., "Assessing the impacts of the global economic crisis and Swine Flu on inbound tourism demand in the United Kingdom", *Journal of Travel Research*, Vol.51, No.2, 2012, pp.142–153.

Reilly, B., Tekleselassie, T. G., "The role of United States Visa Waiver Program on cross–border travel", *Applied Economics Letters*, Vol.25, No.1–3, 2018, pp.1–5.

Ritchie, J. R., Mario, C., Molinar A., et al., "Impacts of the world recession and economic crisis on tourism:North America", *Journal of Travel Research*, Vol.49, No.1, 2010, pp.5–15.

Smith, S., Xie, P., "Estimating the distance equivalence of the Canada–U.S.border on U. S.–to–Canada visitor Flows", *Journal of Travel Research*, Vol.42, 2003, pp.191–194.

Sonmez, S. F., Apostolopoulos, Y., "Conflict Resolution Through Tourism Cooperation? The Case of the Partitioned Island–State of Cyprus", *Journal of Travel & Tourism Marketing*, Vol.9, No.3, 2000, pp.35–48.

Stoffelen, A., Vanneste, D., "Tourism and cross–border regional development:insights in European contexts", *European Planning Studies*, Vol.25, No.6, 2017, pp.1013–1033.

Sullivan, P., Bonn, M. A., Bhardwaj, V., et al., "Mexican national cross – border shopping:Exploration of retail tourism", *Journal of Retailing and Consumer Services*, Vol.19, No.6, 2012, pp.596–604.

T. La Mata, T. D., "Does trade creation by social and business networks hold in services", *Applied Economics*, Vol.46, No.13, 2014, pp.1509–1525.

Timothy, D.J., "Cross-border partnership in tourism resource management: International parks along the US-Canada border", *Journal of Sustainable Tourism*, Vol.7, No.3&4, 1999, pp.182-205.

Timothy, D.J., "Political boundaries and tourism: borders as tourist attractions", *Tourism Management*, Vol.16, No.7, 1995, pp.525-532.

Torabian, P., Mair, H., "(Re) constructing the Canadian border: Anti-mobilities and tourism", *Tourist Studies*, Vol.17, No.1, 2017, pp.17-35.

V.Houtum, H., V. Naerssen, T., "Bordering, ordering and othering", *Tijdschrift voor Economische en Sociale Geografie*, Vol.93, No.2, 2002, pp.125-136.

五、其他文献

1.[美]托马斯·库恩:《科学革命的结构》,金吾伦、胡新和译,北京大学出版社2003年版。

2.[美]约翰·斯科特:《社会网络分析法》(英文第3版),刘军译,重庆大学出版社2016年版。

3.《边境旅游概说:国际的实践与经验》,《经济研究参考》1996年第1期。

附　　录

一、中国边境政策文件分析表

年份	政策文件	与边境旅游、沿边发展相关的主要内容	关键词
2009	《国务院办公厅关于应对国际金融危机保持西部地区经济平稳较快发展的意见》	1. 加快重点边境口岸城镇建设步伐,完善边境经济合作区功能,扩大边境互市贸易规模,提高出口加工水平。 2. 积极推动广西东兴、云南瑞丽、新疆伊宁、内蒙古满洲里进一步扩大开放,加强与周边国家和地区的资源能源开发利用合作,建成沿边开放的"桥头堡"。	口岸建设 经济合作区 资源开发
2009	《国务院关于进一步促进广西经济社会发展的若干意见》	1. 促进中越边境跨境运输和口岸通关便利化。 2. 在有条件的口岸探索建立跨境经济合作区和进口资源加工区。	通关便利 经济合作区
2010	《中共中央国务院关于深入实施西部大开发战略的若干意见》	积极建设广西东兴、云南瑞丽、内蒙古满洲里等重点开发开放试验。	开发开放实验区

续表

年份	政策文件	与边境旅游、沿边发展相关的主要内容	关键词
2011	《国务院关于支持云南省加快建设面向西南开放重要桥头堡的意见》	1. 以边境经济合作区、跨境经济合作区建设为重点,完善跨境交通、口岸和边境通道等基础设施,加快形成沿边经济带。 2. 建设瑞丽沿边重点开发开放试验区,积极支持符合条件的地区按程序申请设立海关特殊监管区域。 3. 积极发展跨境旅游。 4. 推进与周边国家的贸易便利化合作,加快云南电子口岸建设,推进通关便利化,改善对外贸易软环境,提高口岸通行能力。 5. 充分利用中国—东盟自由贸易区平台,进一步加强中国—东盟湄公河流域开发合作机制、大湄公河次区域合作机制,提升孟中印缅合作层次。 6. 支持云南举办国际公路自行车赛等旅游体育活动。 7. 将云南有条件的旅游城市机场建成对外开放口岸。 8. 简化游客出入境手续,研究推动大湄公河次区域内人员往来正常、有序开展,适时研究推进相关出入境便利措施。	沿边经济带 开发开放试验区 贸易便利化 通关便利 区域合作 体育旅游
2012	《西部大开发"十二五"规划》	1. 制定和实施特殊开放政策,加快重点口岸、边境城市、边境(跨境)经济合作区和重点开发开放试验区建设,探索沿边开放新模式。 2. 培育和建设一批富有活力的边境重点口岸、边疆区域性中心城市,形成边境地区要素集聚高地,带动沿边地区整体发展。	边境经济合作区 开发开放实验区 区域性中心城市
2013	《中共中央关于全面深化改革若干重大问题的决定》	1. 加快沿边开放步伐,允许沿边重点口岸、边境城市、经济合作区在人员往来、加工物流、旅游等方面实行特殊方式和政策。 2. 推动内陆同沿海沿边通关协作,实现口岸管理相关部门信息互换、监管互认、执法互助。	"三互"大通关
2013	《关于加快沿边地区开发开放的若干意见》	对试验区建设进行了全面部署,提出研究设立广西凭祥、云南勐腊(磨憨)、内蒙古二连浩特、黑龙江绥芬河(东宁)、吉林延吉(长白)、辽宁丹东重点开发开放试验区。	开发开放试验区

年份	政策文件	与边境旅游、沿边发展相关的主要内容	关键词
2014	《国务院关于促进旅游业改革发展的若干意见》	1. 取消边境旅游项目审批,将旅行社经营边境游资格审批和外商投资旅行社业务许可下放至省级旅游部门。 2. 推动区域旅游一体化。进一步深化对外合资合作,支持有条件的旅游企业"走出去",积极开拓国际市场。围绕丝绸之路经济带和21世纪海上丝绸之路建设,在东盟—湄公河流域开发合作、大湄公河次区域经济合作、中亚区域经济合作、图们江地区开发合作以及孟中印缅经济走廊、中巴经济走廊等区域次区域合作机制框架下,采取有利于边境旅游的出入境政策,推动中国同东南亚、南亚、中亚、东北亚、中东欧的区域旅游合作。	权力下放区域旅游一体化
2015	《国务院办公厅关于进一步促进旅游投资和消费的若干意见》	1. 推进邮轮旅游产业发展,优化邮轮港口布局,有序推进邮轮码头建设,有规划地逐步开放岸线和水域,培育发展游艇旅游大众消费市场。 2. 支持研学旅游发展,加强国际研学旅行交流,规范和引导中小学生赴境外开展研学旅行活动。 3. 积极发展中医药健康旅游。扩大中医药健康旅游海外宣传,推动中医药健康旅游国际交流合作。 4. 符合条件的地区要加快实施境外旅客购物离境退税政策。	邮轮旅游研学旅游中医旅游旅游购物退税
2015	《国务院关于支持沿边重点地区开发开放若干政策措施的意见》	1. 推进人员往来便利化 2. 促进运输便利化 3. 引导服务贸易加快发展 4. 研究设立沿边重点地区产业发展(创业投资)基金 5. 加强产业项目用地和劳动力保障 6. 改革边境旅游管理制度 7. 研究发展跨境旅游合作区 8. 探索建设边境旅游试验区 9. 加强旅游支撑能力建设 10. 加强边境城市航空口岸能力建设 11. 强化中央专项资金支持	人员往来便利化跨境旅游合作区边境旅游试验区

续表

年份	政策文件	与边境旅游、沿边发展相关的主要内容	关键词
2015	《国务院关于改进口岸工作支持外贸发展的若干意见》	1. 加快沿边地区口岸开放步伐。将沿边重点开发开放试验区、边境经济合作区、跨境经济合作区建成中国与周边合作的重要平台，允许沿边重点口岸、边境城市、经济合作区在人员往来、加工物流、旅游等方面实施特殊方式和政策。 2. 研究制定边民通道管理办法，规范云南、广西等省区边民通道管理，支持"一口岸多通道"监管模式创新。	沿边重点开发开放试验区 边境经济合作区 边民通道管理
2016	《国务院关于深化泛珠三角区域合作的指导意见》	1. 支持云南、广西有序设立边境经济合作区、跨境经济合作区和边境旅游合作区。 2. 研究完善人员便利化出入境管理政策。	边境旅游合作区 人员便利出入境
2016	《国务院关于印发"十三五"旅游业发展规划的通知》	1. 建立丝绸之路经济带城市旅游合作机制。推动"一带一路"沿线国家签证便利化，推动航权开放、证照互认、车辆救援、旅游保险等合作。 2. 加强与沿线国家旅游投资互惠合作，推动海上丝绸之路邮轮旅游合作，联合打造国际旅游精品线路，提升"一带一路"旅游品牌的知名度和影响力。 3. 推进中国与周边国家的跨境旅游合作区、边境旅游试验区建设，开发具有边境特色和民族特色的旅游景区和线路。 4. 推进国际旅游集散中心建设，推进边境旅游合作示范区建设，促进与东盟国家的旅游合作。	多国签证 旅游投资合作 联合打造精品路线 跨境旅游合作区 边境旅游试验区 国际旅游集散中心建设

二、边境地区优惠政策

地区优惠政策	年份	涉及边境地区
经济特区	2008	广西北部湾经济区（防城港、崇左）
	2010	新疆伊犁霍尔果斯、新疆喀什

地区优惠政策	年份	涉及边境地区
边境经济合作区	1992	内蒙古满洲里边境经济合作区、辽宁丹东边境经济合作区、黑龙江黑河边境经济合作区、黑龙江绥芬河边境经济合作区、广西东兴边境经济合作区、广西凭祥边境经济合作区、云南畹町边境经济合作区、云南瑞丽边境经济合作区、云南河口边境经济合作区、新疆伊宁边境经济合作区、新疆博乐边境经济合作区、新疆塔城市边境经济合作区、新疆阿勒泰吉木乃边境经济合作区
	1993	吉林延边中国图们江区域(珲春)国际合作示范区
	2013	云南临沧边境经济合作区
国家级经济技术开发区	2003	内蒙古呼和浩特经济技术开发区
	2006	黑龙江牡丹江经济技术开发区
	2010	黑龙江海林经济技术开发区
	2011	新疆伊犁州奎屯—独山子经济技术开发区
	2012	新疆准东经济技术开发区、内蒙古巴彦淖尔经济技术开发区、内蒙古呼伦贝尔经济技术开发区
	2013	云南红河蒙自经济技术开发区、甘肃酒泉经济技术开发区(2020退出)
	2014	黑龙江双鸭山经济技术开发区
	2015	新疆阿克苏库车经济技术开发区
综合保税区	2008	广西凭祥综合保税区
	2009	黑龙江绥芬河综合保税区
	2011	新疆阿拉山口综合保税区
金融综合改革试验区	2013	云南省广西壮族自治区沿边金融综合改革试验区(昆明市、保山市、普洱市、临沧市、红河州、文山州、西双版纳州、德宏州、怒江州、防城港市、百色市、崇左市)
国家重点开发开放试验区	2012	沿边试验区(广西东兴、云南瑞丽、内蒙古满洲里)
	2016	黑龙江绥芬河—东宁重点开发开放试验区(牡丹江)
边境旅游试验区	2018	内蒙古满洲里边境旅游试验区、广西防城港边境旅游试验区

三、中国边境旅游线路和产品

所处区域	省区	边境旅游线路和产品
东北	黑龙江	黑河市—布拉戈维申斯克市—哈巴罗夫斯克市、同江市—下列宁斯克耶市—比罗比詹市、绥芬河市—波格拉尼奇市—符拉迪沃斯托克市、东宁县—乌苏里斯克市、逊克县—波亚尔科夫镇、抚远县—哈巴罗夫斯克市、密山市—卡缅雷博洛夫区—斯帕斯克达尔尼市、嘉荫县—奥布卢奇耶市、萝北县—阿穆尔捷特十月区—共青城、虎林市—列索扎沃斯科市、饶河县—比金市—哈巴罗夫斯克市、佳木斯市—哈巴罗夫斯克市、富锦市—比罗比詹市、牡丹江市—纳霍德卡市、哈尔滨市—哈巴罗夫斯克市、哈尔滨—绥芬河/东宁/密山—符拉迪沃斯托克市 "哈尔滨赴俄七日游""同江—下列宁斯科耶一日游""绥芬河—波格拉尼奇内一日游""东宁—乌苏里斯克一日游"、弗拉迪沃斯托克—绥芬河—哈尔滨、布拉戈维申斯克—黑河—哈尔滨、伊尔库茨克—满洲里—哈尔滨、哈巴罗夫斯克—佳木斯—哈尔滨等4条购物观光游、黑河到伊尔库茨克的贝加尔湖生态之旅、黑河到堪察加的火山探险之旅、黑河到雅库兹克的钻石购物之旅
	吉林	延吉—图们—珲春—克拉斯基诺—波塞图—符拉迪沃斯托克 珲春市至朝鲜罗津、先锋三日游、珲春至朝鲜赛别尔、稳城一日游、图们市至朝鲜南阳—稳城—会宁—清津—七宝山五日游、龙井市至朝鲜会宁—清津—七宝山四日游、南坪口岸(中)—朝鲜茂山一日游、延边州和龙县至朝鲜大红丹郡三日游、长白县至惠山—三池渊—清津五日游、临江市至朝鲜中江郡一日游、集安市—朝鲜南浦五日游、和龙—朝鲜大红丹郡三日游、和龙—朝鲜茂山一日游、中朝自驾二日、三日游、中俄朝环线四日游
	辽宁	赴朝鲜新义州的边境一日游,赴新义州、东林景区边境两日游,赴平壤、妙香山、开城等地的三至七日游
北部	内蒙古 满洲里	后贝加尔民俗一日游、红石一日游、贝加尔湖双飞四日游
	内蒙古 二连浩特	二连浩特—蒙古国扎门乌德中蒙边境一日游、二连浩特—蒙古国赛音山达三日游、二连浩特—蒙古国乌兰巴托五日游、二连浩特—蒙古国哈喇赫林六日游、二连浩特—蒙古国色楞格省七日游、中蒙俄茶叶十三日跨境自驾游线路
	内蒙古 阿尔山	阿尔山市—蒙古国东方省哈拉哈高勒县二日游、阿尔山市—蒙古国东方省乔巴山市五日游、阿尔山市—蒙古国肯特省温都尔汗市五日游
	内蒙古 东乌珠穆沁旗	东乌珠穆沁旗—蒙古国苏赫巴托省额尔顿查干县一日游、东乌珠穆沁旗—蒙古国苏赫巴托省达里冈嘎县三日游、东乌珠穆沁旗—蒙古国苏赫巴托省西乌尔特县五日游

所处区域	省区	边境旅游线路和产品
西北	西藏	拉萨—樟木—加德满都
	新疆	阿勒泰地区—蒙古巴彦乌列盖跨境一日游、塔城市—哈萨克斯坦东哈州乌尔加县三日游边境旅游、塔城市—蒙古国南戈壁省汗博格都县一日游
西南	云南	中越：河口县—广宁省八日游、河口县—沙巴二日游(2006)、中国麻栗坡县—越南河江二日游(2006)、越南马鹿塘口岸—金平—建水县—个旧市—蒙自县—金平—金水河口岸、越南马鹿塘口岸—金平—建水县—玉溪市—昆明市—弥勒县—开远市—金平—金水河口岸、越南马鹿塘口岸—金平—勐拉温泉—金水河口岸
		中缅：瑞丽—八莫三日游(1993)、瑞丽市—曼德勒六日游(1993)、中国勐海县—缅甸勐拉、景东二日游(2006)、云南省腾冲—缅甸甘拜地—昔董—密支那四日游(2008)、中国畹町(甲口岸)—缅甸九谷—缅甸105码—缅甸木姐—中国瑞丽姐告(乙口岸)(2012)、中国畹町(甲口岸)—缅甸九谷—缅甸105码—缅甸木姐—缅甸南坎—中国瑞丽弄岛(乙口岸)(2012)、中国瑞丽姐告(甲口岸)—缅甸木姐—缅甸南坎—中国瑞丽弄岛(乙口岸)(2012)、中国瑞丽姐告—缅甸木姐—缅甸南坎—中国瑞丽姐告(2012)、中国瑞丽姐告—缅甸木姐—中国瑞丽姐告(2012) 2013年的11月27日,正式批准恢复冰封了八年的中缅跨境旅游线路:畹町(瑞丽)—腊戍三日游(2005年被禁止)、瑞丽—八莫三日游(2005年被禁止)、瑞丽—曼德勒六日游(2005年被禁止)、勐海—缅甸小勐拉、景栋二日游(2013)、景洪—老挝琅勃拉邦五日游(2013)、磨憨口岸—老挝琅勃拉邦—西双版纳机场四日游(2013)、西双版纳机场—老挝琅勃拉邦—磨憨口岸(2013)、景洪港—老挝琅勃拉邦—磨憨口岸(2013)
		中老：西双版纳磨憨口岸(陆路)—老挝琅勃拉邦—西双版纳国际机场(航空)四日游(2011)、西双版纳国际机场(航空)—老挝琅勃拉邦—西双版纳磨憨口岸(陆路)四日游(2011)、西双版纳景洪港(水路)—老挝琅勃拉邦—西双版纳磨憨口岸(陆路)四日游(2011)、西双版纳景洪港(水路)—老挝琅勃拉邦—西双版纳国际机场(航空)四日游(2011)、江城(过勐康口岸)—乌德县—丰沙里—乌多姆赛—琅勃拉邦—乌多姆赛—本怒—乌德县—江城(勐康口岸)(2014)、江城(勐康口岸)—本怒—乌多姆赛—琅勃拉邦—乌多姆赛—本怒—乌德县—江城(勐康口岸)(2014)、江城(勐康口岸)—乌德县—丰沙里—乌德县—江城(勐康口岸)(2014)、江城(过勐康口岸)—乌德县—江城(过勐康口岸)等五条跨境旅游线路(2014)
	广西	凭祥—友谊关—谅山、东兴—芒街—下龙湾、北海—下龙湾、防城港—下龙湾、南宁—防城港—东兴—钦州—北海环北部湾滨海边境旅游、南宁—崇左—宁明—凭祥—龙州—大新—隆安—南宁南国边关风情旅游环线

四、三大边境旅游地变异系数

区域	年份	经济差距	政治关系	口岸通道	旅游资源	政策支持
西南	2009	0.035	0.762	0.737	1.008	2.229
	2010	0.032	0.762	0.737	0.991	2.229
	2011	0.027	0.292	0.629	0.954	2.229
	2012	0.024	0.292	0.629	0.443	2.229
	2013	0.022	0.292	0.629	0.505	0.974
	2014	0.020	0.292	0.629	0.496	0.974
	2015	0.019	0.292	0.651	0.517	0.974
	2016	0.017	0.292	0.651	0.538	0.974
	2017	0.017	0.247	0.631	0.674	0.974
	2018	0.016	0.247	0.682	1.063	1.004
东北	2009	0.543	0.992	1.399	0.572	1.969
	2010	0.415	0.992	1.399	0.621	2.116
	2011	0.321	0.992	1.399	0.532	2.116
	2012	0.285	0.992	1.317	0.482	1.827
	2013	0.266	0.992	1.317	0.419	1.827
	2014	0.278	0.445	1.241	0.390	1.653
	2015	0.256	0.445	1.241	0.343	1.653
	2016	0.242	0.445	1.200	0.358	1.728
	2017	0.231	0.445	1.200	0.304	1.728
	2018	0.222	0.445	1.200	0.329	1.756
西北	2009	0.252	0.968	0.775	2.225	1.713
	2010	0.208	0.968	0.775	2.284	1.484
	2011	0.145	0.968	0.775	2.566	1.560
	2012	0.123	0.892	0.775	0.428	1.139
	2013	0.110	0.702	0.775	0.446	0.975

区域	年份	经济差距	政治关系	口岸通道	旅游资源	政策支持
西北	2014	0.101	0.187	0.775	0.443	0.975
	2015	0.096	0.187	0.775	0.521	0.829
	2016	0.101	0.187	0.775	0.535	0.829
	2017	0.094	0.186	0.775	0.580	0.829
	2018	0.089	0.186	0.775	0.484	0.829

五、照片图例

被称为"鸡脖子拐弯处"的中蒙界碑

二连浩特国门景区

国门打卡点

满洲里国门景区

游客在满洲里口岸界碑前留影

满洲里俄式餐厅

中蒙边境旅游景观（王桀摄于 2021 年 7 月）

满洲里口岸

俄罗斯村

北极村景区

北极村景区

漠河的医院

漠河北极村界碑

中俄边境旅游景观（王桀摄于 2021 年 7 月）

抚远—极东

抚远

黑龙江界河

黑龙江界河

嘉荫口岸

驿道博物馆

中俄边境旅游景观(王桀摄于 2021 年 7 月)

珲春口岸

旅游演艺项目

丹东街景

丹东夜市

鸭绿江断桥景区

鸭绿江

中朝俄边境旅游景观（王桀摄于 2021 年 7 月）

长白山天池国家AAAAA级景区

长白山天池国家AAAAA级景区

珍宝岛

珍宝岛

中朝俄三国边境界桥

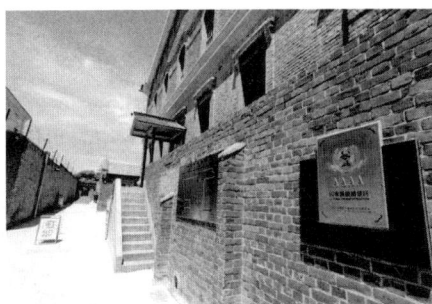

中俄边境黑河景区

中朝俄边境旅游景观（王桀摄于 2018 年 10 月）

中老边境磨丁口岸

老挝境内公路

老泰边境会晒口岸海关

泰缅边境大其力口岸

中缅边境"一寨两国"景区

中缅边境银井村"一院两国"景观

中缅老边境旅游景观（王桀摄于 2019 年 7 月）

中越边境界碑

中缅边境警示语

中缅边境南伞口岸

南伞口岸雕塑

中缅边境调研

中缅边境界桥

中缅老边境旅游景观（王桀摄于 2019 年 7 月）

中俄边境吉木乃口岸

中哈边境禾木旅游村

中哈边境霍尔果斯边界景观

中哈边境霍尔果斯跨境旅游合作区

中俄边境免税购物区

中俄边境免税购物店

西北边境旅游景观（王桀摄于 2019 年 7 月）

后　记

　　本书是在我主持的国家社科基金项目"边界效应转化与边境旅游失衡调控(18BGL143)"及多项省部级课题的共同资助下得以顺利完成的。回首过去,我从最初确定研究领域、制定研究方案、撰写学术论文,到亲临中国西南、西北、东北三大边境地区的主要边境口岸、国门、旅游地等开展实地调研,粗算一下沿中国边境线的调研行程已超过 2 万公里。实地调查的地方包括:中越边境的东兴、河口口岸,中老边境的磨憨口岸,中缅边境的打洛、南伞、清水河、瑞丽、畹町口岸,老泰边境的万象、会晒口岸,缅泰边境的大其力、美赛口岸,中哈边境的霍尔果斯、吉木乃口岸,中蒙俄边境的满洲里、二连浩特等口岸,中俄边境的珲春口岸,中朝边境的图们江、珲春、丹东口岸等。我通过与当地政府、旅游企业、社区居民进行了深入访谈获得了大量原始数据。四年来,课题组所发表的阶段性成果也产生了较大的社会影响。《边境旅游:理论探索与实证研究》作为阶段性成果于 2021 年 1 月在人民出版社出版,是国内在此研究领域为数不多的专著成果之一,课题研究期间共发表高水平学术论文 12 篇,2篇咨询报告被政府采用,著述内容超过 30 万字。在完成书稿之时掩稿沉思,心中感慨万千。这份成果,是我近年来对边境旅游研究领域的探索性研究,凝聚多人智慧,在此一并感谢!

　　本书的顺利完成首先得益于田里教授。田教授作为中国旅游研究院边境旅游研究基地的首席专家，对课题研究给予了鼓励、教导和鞭策。田老师严谨的治学态度、宽厚热忱的为人、谦逊高尚的品格对我产生了深远影响，并将使我受益终身。还要感谢中国旅游研究院（文化和旅游部数据中心）的戴斌院长，正是受托于戴院长的嘱咐，并肩负着边境旅游研究基地的智库责任，在李仲广副院长、唐晓云副院长、杨劲松研究员等同志的帮助和支持下，我的研究课题得到"文化和旅游宏观决策重点课题"资助，从而使调研工作得以顺利完成。

感谢我所工作的单位——云南大学工商管理与旅游管理学院的领导和同事们，张建良书记、赵德森副院长、马玉超副书记、武鹏副院长、王克岭副院长、赵书虹副院长、吕宛青教授、邓永进教授、杨懿教授、光映炯副教授、张鹏杨副教授、李佳副教授等一大批包括未及提到名的同事给予的支持和帮助，学院和睦的工作氛围和学校优美的工作环境，是研究工作得以顺利完成的重要保障。

感谢我的硕士研究生贾晨昕、张琴悦、章琴、林年容、苏季珂、李翠梅、王正桥、张朝晖、陈茜等同学在本书的课题调研、资料收集、文献整理、数据分析中所做的大量工作，特别是张琴悦同学在实证分析部分的勤勉工作，没有大家的努力和奉献，本书难以呈现在读者面前。最后，还要感谢研究基地的各位同学，孟帅康博士、刘亮博士、宋俊楷博士、马玉博士、普蔚博士，此处无法一一列举大家的名字，在此一并致谢！

由于本人能力所限，本书在撰写过程中尚存许多缺憾和纰漏，书中难免有不妥乃至错误之处，恳请各位同仁批评指正。参考并引用的观点和资料如有不慎遗漏，敬请谅解！

我心存感恩，谨以此书献给在背后默默支持我的家人们！

王　桀

2021 年 11 月于云南大学东陆园